따라하면 매출이 따라오는
유튜브 마케팅
YOUTUBE MARKETING

따라하면 매출이 따라오는 유튜브 마케팅

YOUTUBE MARKETING

원앤원북스

고등학교 자퇴생,
유튜브로 꿈을 이루다

"안녕하세요, 강사랑입니다. 와아아!"

작은 방에서 혼자 두근거리는 마음으로 카메라를 켤 때면 보는 사람도 없는데 괜스레 민망해진다. 그래서 일부러 인사를 할 때 습관처럼 "와아아!" 하는 추임새를 넣었다. 1인극을 하듯이 혼자 콘텐츠를 촬영하다 보니 자연스럽게 생긴 습관이었다. 지금 이 글을 쓰는 순간에도 맨 처음 카메라 앞에 섰던 순간이 생생하게 떠오른다. 처음 콘텐츠를 만들 때는 요동치는 심장 소리가 혹여 카메라에 담기지는 않을까 걱정스러울 정도였다.

'지금 많은 인기를 얻고 있는 유튜버들처럼 나도 분명 잘할 수 있을 거야! 아니, 오히려 그 사람들보다 내가 더 잘할 수 있지 않을까?' 이런 밑도 끝도 없는 자신감은 어디에서 온 건지, 당시에는 제대로 준비도 하지 않은 채 위풍당당한 마음으로 카메라를 켰다. 그러나 막상 카메라가 돌아가자 아무 준비 없이 면접을 보러 온 지원자처럼 쭈뼛거리기 바빴다. 머릿속은 새하얗게 변했고 해야 할 말도 잊어버렸다. 딱딱하게 굳어버린 표정과 염소처럼 덜덜 떨리는 목소리로 어떻게 끝냈는지도 모를 만큼 정신없이 동영상을 촬영했다. 편집도 어설퍼서 과연 이런 동영상을 사람들이 좋아해줄지 걱정스러웠다.

유튜브를 시작한 지 햇수로는 6년이 되었다. 이제 그때의 인사말과 특유의 손짓은 내 콘텐츠의 시그니처가 되었다. 6년 동안 유튜브 채널을 성장시키며 개인 사업을 유튜브 마케팅과 연계했고 퍼스널 브랜딩(personal branding), 즉 나 자신을 브랜딩하는 과정을 통해 빠른 시간 안에 안정적으로 억대의 매출을 창출했다. 만약 아무도 보지 않는 구독자 0명짜리 채널에 과감히 콘텐츠를 올렸던 그 순간이 없었다면, 지금의 작은 성공도 존재하지 않았을 것이다. 그리고 이 책 또한 세상에 나올 수 없었을 것이다.

이 책은 유튜브 채널 운영, 그중에서도 유튜브로 마케팅을 하려는 사람들을 돕기 위해 만들어졌다. 나는 유튜브가 한국에서 많은 관심을 갖기 훨씬 이전부터 꾸준히 채널을 운영해왔고, 시행착오도 더러 겪었다. 그렇게 혼자 고군분투하며 채널을 성장시키니 단기간에 사업적으로도 많은 성과를 얻을 수 있었다. 그러자 주변 지인들부터 고객들까지 하나둘 자연스레 유튜브 운영 노하우에 대해 묻기 시작했고, 채널을 통해 어떻게 자기 사업을 홍보할 수 있는지 질문하는 사람들도 많아졌다. 아직 운영하는 사업은 없지만 개인 채널을 통해 어떻게 스스로의 가치를 올릴 수 있는지, 또 어떻게 스스로를 브랜딩할 수 있는지 조언을 구하는 이들도 늘어났다.

　심지어 다른 SNS 마케팅 쪽으로 책을 쓰고 강의를 하시는 분들조차 유튜브 운영에 난색을 표하며 도움을 요청하기도 했다. 유튜브가 사진과 글에 익숙한 기존의 콘텐츠 플랫폼들과는 전혀 다른 방식과 특성을 갖고 있기 때문이다. 이후 사람들이 막막해 하는 부분과 어려움을 토로하는 고민들을 분석하게 되었고, 그러한 고민들이 대부분 이미 내가 유튜브 채널을 만들고 운영하면서 겪었던 어려움이었다는 걸 깨닫게 되었다. 저마다 사정과 상황은 달랐지만 속을 들여다보면 공통적인 문제가 있었다. 유튜브 마케팅이 어렵다고 호소하는 분들의 고민은 사업과 채널을 연결시킬 때 겪게 되는 문제들이 대부분이었던 것이다.

　사실 내가 유튜브를 시작하던 당시에는 '1인 크리에이터'라는 직업과 '유튜브 마케팅'이라는 말이 잘 쓰이지 않았을 때였다. 퍼스널 브랜딩에 관한 정보 역시 있을 리 만무했다. 목마른 사람이 우물을 판다는 말이 있듯이 훨씬 더 앞서서 유튜브를 시작하고 본인만의 개성을 살려 활발하게 인지도를 쌓은 외국 유튜버의 사례를 보고 배울 수밖에 없었다. 잘 되지도 않는 영어 실력으로 그들의 콘텐츠와 노하우를 눈치껏 이해하고 내 것으로 하나씩 만들어나갔다.

유튜브 마케팅을 이제 막 시작한 초보 유튜버들이 하는 고민은 다 비슷비슷할 것이다. '이 채널을 계속 운영해야 되는 건가?', '같은 콘텐츠인데 내 동영상은 왜 반응이 없는 거지?', '나는 정말 안 되는 건가?' 등의 생각으로 혼란스럽고 걱정스러울 것이다. 하지만 이제 와 돌이켜보면 이 길이 내 길이 아닌가 싶어 포기하고 싶었던 순간들조차 성장하는 과정의 일환이었다. 누구나 크고 작은 시행착오와 슬럼프는 반드시 겪을 수밖에 없다. 콘텐츠 제작에 소질과 재능이 없어서 겪는 문제가 아니라, 지금 인기를 많이 얻고 활발하게 활동하고 있는 소위 '스타 유튜버'들 역시 대부분 다 겪었던 과정일 뿐이다.

이 글을 쓰고 있는 나 역시 때로는 처절할 정도로 크게 좌절했고, 콘텐츠에 대한 고민으로 수없이 눈물을 흘리기도 했다. 동영상을 찍고 유튜브에 올리는 걸 이제 그만하겠다고 수백 번도 더 결심했었다. 하지만 결국 포기하지 않고 극복해냈고, 무엇 하나 뛰어나지 못한 내가 끈기 하나만으로 많은 사람들의 사랑을 받게 되었다. 그러므로 여러분 또한 지금 눈앞에 놓인 고민과 문제들을 반드시 극복하고 뛰어

넘을 수 있다는 마음가짐을 갖기 바란다. 어쩌면 이 책을 통해 시행착오를 덜 겪으며 발전해나갈 수 있을지도 모른다. 자신의 문제점을 객관적으로 분석할 수 있다면 그만큼 빠르게 극복할 수 있는 방법도 찾게 될 것이다.

이 책만 잘 정독하고 숙지한다면 앞으로 유튜브를 통해 마케팅을 하고 퍼스널 브랜딩을 할 때 겪을 수 있는 문제들을 줄여나갈 수 있다. 이미 유튜브를 시작했다면 빠르게 문제를 해결해주는 돌파구가 되어줄 것이다.

이 책은 20대 중반이라는 비교적 어린 나이에 일찍 사업을 일궈낸 나 자신을 자랑하기 위해 만들어진 어설픈 지침서가 아니다. 꿈을 이룬 여자가 이렇게 하니 성공했고, 이렇게 하니 돈을 벌었다고 뽐내기 위해 만든 콘텐츠는 더더욱 아니다. 문 닫기 일보 직전의 회사를 아무 대본 없이 핸드폰으로 촬영한 동영상 하나로 어떻게 기적적으로 살려냈는지, 죽어가던 회사를 어떻게 열정과 간절함으로 일으켰는지 그 노하우를 논하는 젊은 대표의 진솔한 이야기다.

단언컨대 화려한 스타 유튜버가 아니어도 유튜브 마케팅을 통해 충분히 비즈니스에서 성공을 거둘 수 있다. 그동안 필드에서 직접 뛴 경험들을 바탕으로 그 핵심 전략만을 담아냈기 때문에 누구나 쉽게 적용하고 활용할 수 있을 것이다. 이 책의 제목이 『따라하면 매출이 따라오는 유튜브 마케팅』인 이유가 여기에 있다. 이 책을 다음과 같은 분들에게 꼭 추천하고 싶다.

- 사업을 준비하거나 이제 막 시작하신 분들
- 꾸준히 사업을 하고 있지만 성과가 미진한 분들
- 각종 온라인 마케팅에서 효과를 보지 못한 분들
- 어떻게 유튜브 마케팅을 시작할지 막막한 분들
- 자신의 사업 브랜드 가치를 키우고 싶은 분들
- 스스로의 브랜드 가치를 높이고 싶은 분들
- 유튜브 채널을 운영하면서 큰 벽에 부딪힌 분들
- 성공한 크리에이터를 꿈꾸는 분들

시중에 출간된 여러 유튜브 마케팅 책과 달리 딱딱하고 기술적인 분석은 지양하고, 근본적으로 문제를 해결할 수 있는 노하우만을 담기 위해 노력했다. 만일 내가 유튜브를 처음 시작했던 6년 전에 이 책을 읽었다면 최소 3~4년 정도의 시간을 아낄 수 있었을 것이다. 아무것도 몰랐던 과거의 나에게 이 책을 타임머신에 태워 보낸다는 심정으로 꼼꼼하고 세세하게 일련의 노하우를 풀어냈다.

따라서 여러분도 이 책을 통해 적어도 3년 이상의 시간을 아낄 수 있다. 금전적으로 가치를 책정할 수 없는 이 책의 핵심 노하우들을 숙지하고 활용한다면 남들이 다 겪는 시행착오를 건너뛸 수 있을 것이다. 사실 책을 집필하면서 '진짜 힘들게 얻은 노하우인데 굳이 세상에 내놓아야 할까?' 하는 생각도 들었다. 하지만 오로지 나 혼자만의 힘으로 얻은 성공이라 생각하지 않기에, 많은 사람들에게 받은 사랑을 조금이라도 나누고 싶은 마음에 이 책을 쓰게 되었다.

지금 이 순간에도 어떤 콘텐츠로 유튜브를 운영해야 할지 막막하고, 당장 카메라를 켜도 무슨 말을 해야 할지 모르겠고, 어떻게 유튜브로 대중과 소통해야 할지 전혀 갈피를 못 잡는 사람들이 많을 것이다. 부디 이 책이 해결의 실마리가 되기를 바란다. 유튜브 마케팅과 퍼스널 브랜딩을 통해 꿈의 추월차선에 올라타보자. 이 책이 당신과 함께할 것이다.

강사랑

화려한 스타 유튜버가 아니어도 유튜브 마케팅을 통해
충분히 비즈니스에서 성공을 거둘 수 있다.
함께 유튜브 마케팅과 퍼스널 브랜딩을 통해
꿈의 추월차선에 올라타보자.

PART 4 매출을 창출하는 유튜브 마케팅 핵심 포인트

1

왜 유튜브
마케팅인가?

마케팅은 제품의 싸움이 아니다.
마케팅은 인식의 싸움이다.

_『마케팅 불변의 법칙』 중에서

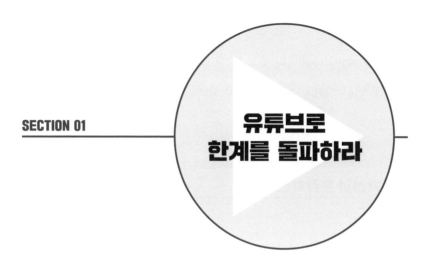

SECTION 01

유튜브로 한계를 돌파하라

우리는 지금 마케팅의 홍수 속에 살고 있다. 특히 SNS를 통한 바이럴 마케팅(소비자들이 자발적으로 제품이나 서비스를 홍보할 수 있도록 유도하는 마케팅 기법)은 이미 레드오션(이미 잘 알려져 경쟁이 치열한 시장)의 영역이 되었고, 단순히 제품과 서비스를 홍보하기 위한 마케팅은 의미가 없는 시대가 되었다. 그렇기에 먼저 자신이 활용하고 있는 마케팅 방법이 지닌 장단점을 분명히 파악하고 분석해야 한계를 돌파할 해결 방법을 찾을 수 있다.

마케팅 과정에서 겪는 여러 한계를 '정체차선'과 '혼잡차선'이라는 용어로 표현할 수 있다. 자신이 정체된 마케팅 차선에 머무르고 있는 것인지, 혼잡한 차선에서 아무런 차별성 없이 비슷비슷한 동종업

계 경쟁자들에게 치이고 있는 건 아닌지 파악할 필요가 있다. 따라서
자신의 사업이 마케팅의 효과를 크게 보고 있지 못하다면, 지금 어느
차선에 있는지부터 먼저 점검해보자.

정체차선과 혼잡차선

그렇다면 정확히 정체차선과 혼잡차선이 의미하는 바는 무엇일까? 먼
저 정체차선은 오프라인 영업에 한정된 정체(停滯)된 마케팅 활동을
뜻한다. 의미 없이 거리에 전단지를 뿌리거나, 이곳저곳 상가에 들어가
서 홍보 명함과 물티슈를 돌리는 방법 등은 효과가 미미한 마케팅 활
동이다. 물론 자신의 사업체가 위치한 지역을 오고가는 사람들에게
처음 사업체를 소개할 때 단기적으로는 유의미한 방법일 수 있다. 하
지만 장기적으로 이어나가기에는 비효율적인 방법이다.

과연 이런 고루한 방법을 통해서 자신의 브랜드 가치를 얼마나 올
릴 수 있을까? 만일 에르메스, 샤넬과 같은 명품 브랜드들이 길거리
에서 판촉물과 홍보 전단지를 돌린다면 오히려 자신의 브랜드 가치를
떨어트리게 될 것이다. 판촉 활동 마케팅이 필요한 사업도 있지만 굳
이 거기에 목맬 필요는 없다.

나도 한때 이러한 정체차선에 빠질 뻔했던 시절이 있었다. 미국 코
스메틱 M사에서 최연소 뷰티 컨설턴트이자 시니어 세일즈 디렉터로

일한 경험이 있는데, 당시에는 일하던 컨설턴트 분들의 연령대가 높은 편이라 온라인 마케팅은 생각도 하지 못하는 분위기였다. 이 집 저 집 무작정 들어가 화장품 샘플을 주며 판로를 개척하는 게 당연하다는 인식이 있었다. 그러나 나의 생각은 달랐다. 아무런 의미 없이 이름도 모르는 사람들에게 마구잡이로 샘플을 뿌리는 건 그냥 여기저기 돈을 버리고 다니는 것과 마찬가지라는 느낌이 들었다. 무엇보다 갓 20살의 어린 나이에 누가 살고 있는지도 모를 집에 들어간다는 게 무섭고 거부감이 들었다.

그 대신 나는 한창 활발하게 활동하던 블로그에 피부 관리법과 메이크업 관련 글들을 정기적으로 올리기 시작했고, 잠재고객들을 발굴해 그들이 나에게 직접 다가오도록 유도했다. 판매자가 고객에게 먼저 다가가는 마케팅이 아닌, 고객이 먼저 다가오도록 하는 마케팅을 해야 구매 행동으로 이어질 확률이 높다는 걸 알았기 때문이다. 나의 마케팅 방법은 적중했고, 때마침 당시에는 네이버 블로그라는 콘텐츠 플랫폼이 가장 뜨거운 관심을 받을 때여서 큰 성과를 거둘 수 있었다. 최연소 전국 판매 1등과 더불어 최단기로 6개월 만에 시니어 디렉터의 위치까지 승진하게 되었다. 과거의 정체차선에 머물러 사업체를 홍보하고 구매를 유도하는 마케팅은 이제 더 이상 큰 성과를 거둘 수 없다는 걸 깨달은 순간이었다.

그렇다면 혼잡차선은 무엇일까? 대표적으로 '온라인 상단 노출'을 유도하는 마케팅이 있다. 물론 양질의 콘텐츠를 발행해 자연스럽게 사파워링크 '**화장품**' 관련 광고입니다. ⓘ   등록 안내 ›

SK-II 공식 사이트 www.sk2.co.kr
피부 컨설팅 · 매장찾기 · 베스트셀러
맑고 투명한 피부를 위해 SK-II 베스트셀러로 구성된 스타터 키트

자연주의 천연화장품 미구하라 www.miguhara.com/ Ⓝ Pay
여자연예인들이 선택한 저자극 천연 **화장품**! 피부 자생력 UP
안티링클 핸드 에센스   5,900원
데일리 케어 썬크림   8,900원
애플버블폼 pH6.6   6,600원

화장품 RE:NK smartstore.naver.com/renkmall Ⓝ Pay
빛크림 · 기초화장품 · 쿠션팩트
RE:NK 의 다양한 상품을 만날수 있는 온라인 공식 스마트스토어 입니다.

DOCTOR TIPS
닥터팁스, 건강한 피부 비밀 doctortips.co.kr/
마스크팩 · 수분크림 · 재생크림 · 앰플
포에버 피부과학 노하우를 담은 더마코스메틱 브랜드 닥터팁스.

네이버에 '화장품'을 검색했을 때 상단에 노출되는 다양한 광고들

람들이 유입되고, 저절로 상위에 노출되었다면 더할 나위 없이 훌륭한 홍보 방법이다. 하지만 포털사이트에 큰돈을 들여 키워드 검색 시 상단에 노출시키는 마케팅 방법은 레드오션에서 출혈 경쟁을 벌이는 것과 같다.

예를 들어 네이버에 '화장품'이라고 검색을 해보자. '파워링크'라는 이름으로 상단에 다양한 브랜드들이 노출되고 있다. 포털사이트에 광고비를 지불해 다른 업체들과 함께 브랜드명과 사이트 주소가 노출된다고 해서 과연 얼마만큼의 이윤을 창출할 수 있을까? 이러한 마케팅은 소상공인과 규모가 작은 중소기업에게는 부담스러운 방식이다. 또 대체 어디서 번호를 알았는지 종종 "사장님이 운영하시는 ○○회사를 검색 상단에 올려드리겠습니다." 하는 식의 광고 전화가 올 때도 있다.

사업체를 운영한다면 최소 2~3번 이상 비슷한 내용의 전화를 받아보았을 것이다. 그러나 막상 클릭 몇 번에 얼마씩 금액을 지불해도 성과는 아주 미미하다. 이것은 말 그대로 홍보를 위한 홍보일 뿐, 온라인에 그냥 돈을 뿌리는 행위나 다름없다.

어떤 플랫폼이 효과적일까?

그렇다면 어떤 플랫폼을 활용해야 효과적으로 바이럴 마케팅을 할 수 있을까? 많은 사람들에게 브랜드를 알리는 동시에 비용까지 아낄 수 있다면 금상첨화다. 먼저 네이버 블로그가 대표적이다. 앞에서 잠깐 언급했지만 블로그는 2010년 전후로 매우 뜨거운 관심을 받던 플랫폼이었다. 지금은 유튜브가 시장을 휘어잡고 있지만 그래도 아직까지 블로그를 꾸준히 이용하는 사람도 많다. 나 역시 2011년부터 꾸준히 블로그를 운영했다. 그런데 어느 순간부터 콘텐츠를 포스팅해도 상단에 노출되지 않는 경우가 많아지기 시작했다. 글을 올려도 노출이 잘 되지 않는 블로그를 '저품질 블로그'라고 하는데, 나는 굳이 저품질 상태에서 벗어나기 위해 발버둥치지 않고 또 다른 돌파구를 찾았다.

　젊은층과 그보다 더 어린 세대는 트렌드 변화에 민감하다. 그래서 글과 사진보다는 그들이 선호하는 동영상이 더 유망하다는 확신이

차례대로 유튜브, 네이버 블로그, 인스타그램, 페이스북의 아이콘. 어떤 플랫폼을 활용해야 효과적으로 바이럴 마케팅을 할 수 있을까?

들었다. 유료 키워드 광고를 유도하기 위해서인지 아니면 다른 이유가 있는 것인지는 잘 모르겠지만, 이유도 알려주지 않고 상단 노출을 막는 플랫폼에 굳이 목매지 않았다. 그렇게 6년 전 남들보다 일찍 블로그에서 유튜브로 과감하게 둥지를 옮겼다. 사실 그때 주변의 반응은 부정적이었다. 그렇게 잘되고 있는 블로그를 굳이 왜 버리느냐는 것이었다. 당시에는 아직 유튜브를 생소하게 생각하는 사람들이 많았다. 하지만 스스로의 안목을 믿고 꾸준히 유튜브를 운영했고, 지금은 많은 사람들에게 블로그가 아닌 유튜브로 정보를 제공하고 있다.

블로그 외에도 인기를 끌고 있는 대표적인 플랫폼은 인스타그램이다. 블로그에서 유튜브로 넘어오는 중간 과도기를 이끈 SNS가 인스타그램이 아닌가 싶다. 그렇지만 인스타그램 시장은 이미 과포화 상태다. 누구나 쉽게 글과 사진, 짧은 동영상을 올릴 수 있다는 장점이 있지만 반대로 동종업계 사람들과의 경쟁이 치열하다는 단점이 있다. 자칫 인스타그램 하나에만 집중하면 정체차선에 빠질 우려가 있는 것이다. 이제는 일찍이 기존에 자리를 선점한 소위 인플루언서(influencer), 즉 SNS 유명인을 위주로 사람들이 모이기 때문에 그들과 경쟁하기가 쉽지 않다. 더구나 로봇 계정이라 불리는 가짜 계정들이 너무 많아 실질적인 잠재고객의 유입을 늘리는 일이 어렵다.

보통 마음에 드는 유튜브 채널과 유튜버가 있으면 인스타그램을 팔로우해 일상을 엿보게 된다. 하지만 반대로 인스타그램에서 팔로우한 사람이 유튜브를 한다고 해서 유튜브로 넘어가 구독하는 경우는 거의 없다. 그저 인스타그램에 글이 올라오면 어쩌다가 프로필과 연결된 링크를 클릭해 잠깐 살펴보고 나오는 정도가 대부분이다. 따라서 인스타그램은 유튜브 채널의 팬들과 소통하는 도구 정도로 사용하는 것이 좋다. 유튜브 구독자야말로 당신의 절대적인 팬이자, 더 나아가 사업체의 충성고객이 될 확률이 높은 사람들이기 때문이다.

인스타그램을 구독자들과 소통하는 서브 플랫폼으로 활용한다면 페이스북은 어떨까? 최근에 페이스북 이용자들의 이탈률이 크게 증가하고 있고, 고객들의 개인정보가 유출되었다는 기사들을 심심치 않게 보았을 것이다. 페이스북은 개인정보 침해 이슈와 온갖 광고, 검증되지 않은 거짓 정보들로 홍역을 앓고 있다. 또한 페이스북은 로그인을 해야만 볼 수 있는 불편함이 있지만, 유튜브는 로그인하지 않아도 볼 수 있는 편리성을 갖추었다. 요즘에는 페이스북에서 광고하는 제품들을 불신하는 경향이 강해져 페이스북은 마케팅 도구로 부적절하다고 생각한다. 추후에 혁신을 통해 페이스북이 변모를 거듭한다면 다시 생각해볼 여지는 있겠지만, 일단은 인스타그램 정도만 함께 운영하는 것이 적절해 보인다.

유튜브로 잠재고객을 확보하자

이제 어렴풋이 왜 다른 SNS보다 유튜브에 집중해야 하는지 알게 되었을 것이다. 결론부터 말하자면 만약 운영하던 유튜브 채널이 활성화된다면 본인의 사업과 다른 SNS 계정들까지 필연적으로 함께 잘될 것이다. 군이 유튜브 외의 다른 SNS를 먼저 키우기 위해 애쓸 필요가 없다는 뜻이다. 최근에 유튜브는 사업하는 분들의 가장 강력한 무기라는 뜻에서 '치트키(cheat key)'라 불릴 정도로 뜨겁게 떠오르고 있다. 유튜브를 주력으로 삼고 나머지 SNS는 남는 시간에 짬을 내서 운영하는 게 좋다.

이것저것 오프라인 마케팅과 온라인 마케팅에 손댈 필요 없이 유튜브 하나에만 총력을 기울이자. 많은 시간과 공을 들여 유튜브를 운영하는 게 사업체를 키우는 가장 빠른 지름길이다. 최근 몇 년 사이 유튜브는 급속히 발전했고, 지금도 가장 빠르게 발전하고 있다. 이제 한국에서도 많은 사람들의 관심을 한 몸에 받고 있는 게 유튜브다. 유튜브가 잠재고객 확보 및 비즈니스 홍보, 개인 또는 기업 브랜딩을 위한 최적의 플랫폼이 된 것이다.

유튜브는 쉽게 말해 전 세계에서 가장 큰 규모의 동영상 호스팅 플랫폼이라고 생각하면 된다. 2005년 결제 시스템으로 유명한 미국 페이팔의 직원이었던 채드 헐리(Chad Hurley), 스티브 첸(Steve Chen), 조드 카림(Jawed Karim)에 의해 창립되었고, 그로부터 1년 뒤 구글에

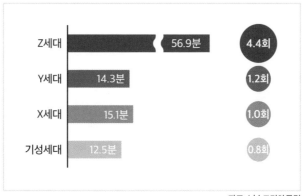

세대별 하루 평균 유튜브 이용 시간 및 실행 횟수

Z세대	56.9분	4.4회
Y세대	14.3분	1.2회
X세대	15.1분	1.0회
기성세대	12.5분	0.8회

자료: 닐슨코리안클릭

16억 5천만 달러(약 1조 8천억 원)에 인수합병되었다. 당시 구글에서 천문학적인 금액으로 유튜브를 인수하자 사람들의 반응은 좋지 않았다. 지나치게 비싼 값을 치른 게 아니냐는 반응이 대부분이었다. 그러나 2018년 기준 유튜브의 기업가치는 1,600억 달러(약 180조 원)에 달한다. 월평균 전 세계 약 19억 명이 유튜브를 이용하고 있으며, 세상 어디에서도 이런 거대한 마켓을 찾기 어려울 정도로 크게 성장했다. 한 해에 업로드되는 비디오를 다 보려면 매일 쉬지 않고 24시간을 매달려도 4만 6천 년이 걸린다고 한다.

유튜브는 검색엔진으로도 이미 세계 2위의 규모다. 기성세대가 무언가를 검색할 때 네이버, 다음과 같은 포털사이트를 이용한다면, 젊은 세대는 유튜브에 검색어를 입력해 정보를 찾는다. 특히나 Z세대(1990년대 중반~2000년대 초반 출생)로 불리는 10대들 대부분이 유튜

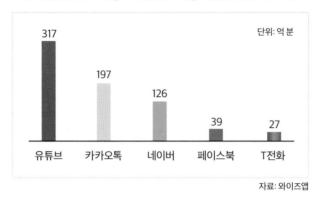

한국 안드로이드 이용자의 유튜브 이용 시간(2018년 11월 기준)

단위: 억 분

유튜브	카카오톡	네이버	페이스북	T전화
317	197	126	39	27

자료: 와이즈앱

브를 통해 정보를 얻고 있다.

　젊은 세대는 본인이 좋아하는 유튜버를 연예인과 동일시하고는 한다. 기존 미디어에 나오는 연예인들보다 소통하기 쉽고 친근한 유튜버들을 더욱 신뢰하기 시작한 것이다. 기성세대 역시 포털사이트에 검색할 때 나오는 무성의한 짧은 글과 광고가 덕지덕지 붙은 동영상보다 유튜브를 더 선호하기 시작했다. 와이즈앱이 한국 안드로이드 이용자들을 대상으로 조사한 애플리케이션 이용 시간 자료를 보면 유튜브의 진가가 확연히 드러난다. 2018년 11월 기준으로 유튜브는 한 달간 무려 317억 분이나 이용되었다. 일방적인 소통에 불과했던 기존 대중매체보다 양방향 소통이 수월한 유튜브는 점차 우리 일상 깊숙이 자리잡기 시작했고, 영향력은 날이 갈수록 커지고 있다. 댓글과 실시간 스트리밍 등으로 유튜버들은 마치 옆집에 사는 친한 친구처럼 구독자와 소통한다. 이렇게 공감대와 신뢰도를 잘 쌓으면 아이돌 이상의 거대

팬덤까지 생겨나게 되고, 크리에이터와 팬들은 서로 두터운 신뢰감을 얻게 된다.

다른 마케팅 방법과 달리 유튜브 마케팅은 채널이 성장하면 매출이나 성과가 최소 몇 배 혹은 제곱으로 성장한다. 유튜브 마케팅의 효과에 대해 아직도 제대로 모르는 사람들이 굉장히 많은 것 같아 안타깝다. 자신의 사업과 유튜브 운영을 직접 병행해본 경험이 없다면 그 효용성을 누가 알려주기 전까지 전혀 알 길이 없는 것도 사실이다. 많은 사장님들이 채널이 성장하면서 점진적으로 복리처럼 매출과 성과가 불어난다는 사실을 지금이라도 인지했으면 좋겠다. 그만큼 유튜브 마케팅의 파급력은 크다.

특히 사업과 직간접적으로 연관이 있는 동영상이 유튜브에서 큰 호응을 얻게 되면 너무 바빠져서 행복한 비명을 지르게 될지도 모른다. 물론 동영상 하나만을 믿고 그 뒤로 나태해진다면 말짱 도루묵이 되겠지만, 계속 양질의 콘텐츠를 제공하면 채널과 사업이 급속도로 함께 성장할 것이다. 망설이지 말고 유튜브로 한계를 돌파해보자.

SECTION 02

유튜브를 지금 시작해야 하는 이유

앞서 유튜브 마케팅을 통해 정체차선과 혼잡차선에서 벗어나야 한다고 조언했다. 나는 유튜브 마케팅으로 누구나 충분히 꿈을 이룰 수 있다고 본다. 그래서 유튜브 마케팅이야말로 '꿈의 추월차선'이라 생각한다. 아마 아직도 '유튜브를 통해 정말 내가 원하는 꿈을 이룰 수 있을까?', '유튜브를 지금 당장 시작해야 한다고 주장하는 이유는 뭘까?', '어떤 근거로 유튜브 마케팅을 통해 사업을 성장시킬 수 있다고 이야기하는 걸까?' 등 이런저런 생각과 걱정으로 고민하는 분들이 있을 것이다.

이번 섹션에서는 여러분이 쉽게 이해할 수 있도록 유튜브 마케팅의 효과와 장점을 설명해보려 한다. 왜 지금 유튜브 마케팅을 시작해야 하는지, 앞으로 어떻게 유튜브 채널을 통해 브랜딩을 해야 하는지 간단하게 설명하도록 하겠다.

유튜브 마케팅의 장점과 효과

'유튜브 마케팅'은 말 그대로 유튜브 채널 운영을 통한 마케팅, 그러니까 유튜브 채널에 동영상을 올려 자신이 원하는 목적을 달성하는 일련의 활동을 뜻한다. 이때 목적이라는 것은 상황에 따라 달라질 수 있다. 본인 회사의 제품 홍보가 목표가 될 수도 있고, 자신이 운영하는 식당을 홍보하고 싶다면 단골 유치가 목표가 될 수도 있다. 전시회 홍보나 작품 홍보 등 사업과 관련된 홍보뿐만 아니라 본인의 가치를 높이기 위한 목표로도 활용될 수 있다. 궁극적으로 유튜브 채널이 자신의 포트폴리오가 될 수 있는 것이다. 목적이 무엇이든 결국 유튜브 마케팅의 목표는 '안정적인 수익 창출' 하나로 귀결된다. 그렇다면 유튜브 마케팅만이 가진 장점은 무엇일까?

1. 예비 창업자, 자영업자, 중소기업도 세계적인 기업과 경쟁할 수 있는 강력한 비즈니스 툴이다

유튜브 마케팅의 가장 큰 장점을 꼽는다면 바로 지역과 나라의 벽이 없어 전 세계로 홍보가 가능하다는 점이다. 실제로 내가 유튜브 채널에 다이어트 콘텐츠 동영상을 꾸준히 올렸을 때, 한국말로 진행했기 때문에 한국에 거주하는 분들에게만 연락이 올 줄 알았다. 그러나 한국뿐만 아니라 내가 살고 있던 미국을 포함해 중국, 일본, 말레이시아, 싱가포르, 독일, 영국, 헝가리, 심지어 남아프리카공화국까지 수없이 많은 나라에서 연락이 왔다. 다이어트와 관련된 상담이 쏟아졌고, 제품 문의와 구매로까지 이어졌다. 심지어 그중에는 자극을 받아 한국말을 배우기 시작하는 외국인도 있었다. 만일 내가 유튜브 마케팅 없이 개인 사업체를 운영했다면 이렇게 수많은 나라 사람들로부터 제품 문의를 받을 수 있었을까?

가령 자신이 네일숍을 운영한다고 가정해보자. 손톱을 꾸미고 관리하는 네일 미용이라는 콘텐츠를 통해 유튜브를 운영하면 효과적으로 네일숍을 홍보할 수 있다. 단순히 집에서 네일 미용을 스스로 어떻게 하는지 배우려는 사람들뿐만 아니라 전문가의 관리를 받고 싶어 하는 잠재고객까지 유입될 것이기 때문이다. 양질의 콘텐츠일수록 보는 이로 하여금 직접 오프라인으로까지 네일 수업을 받고 싶다는 마음이 들게 될 것이다.

2. 유튜브는 임대료가 없다

임대료가 없다니, 직접 사업하는 사람에게는 구미가 당기는 이야기가 아닐 수 없다. 당연한 이야기지만 유튜브는 채널을 오픈할 때 따로 임대료가 들지 않는다. 실행력만 있다면 지금이라도 바로 내 '점포(채널)'를 오픈할 수 있다. 오프라인에서 가게를 하는 분들, 특히 영세 자영업자의 경우에는 매달 임대료가 만만치 않다. 여기에 홍보 전단지나 동네 지면 광고 등 나름대로 마케팅에 돈은 계속 쓰는데 '이거 효과 있는 거 맞아?' 하는 의구심만 든다. 아무리 돈과 품을 들여도 효과가 없어 보이는데 그렇다고 아무것도 하지 않으면 경쟁 가게보다 뒤처지는 것 같아 걱정이다. 하지만 유튜브 마케팅은 채널을 오픈하고 홍보하기까지 저비용으로 모두 가능하다. 유튜브 툴과 콘텐츠 제작에 조금만 익숙해지고 운이 좋다면 비용이 아예 들지 않을 수도 있다.

유튜브 채널이 어느 정도 안정 궤도에 들어서면 다른 홍보는 하지 않아도 무방하다. 그 정도로 유튜브 마케팅의 파급력이 크다는 뜻이다. 든든한 유튜브 채널 하나만 있으면 어마어마한 마케팅 비용을 절감할 수 있다. 심지어 매장을 운영하면서도 온라인 사이트 없이 카카오톡 상담만을 통해 상품을 판매하는 경우도 있다. 나 역시 그런 경우다. 한때 더 실용적인 결제 시스템을 구축하기 위해 일시적으로 결제 사이트를 오픈하기도 했지만 이마저도 비용이 전혀 들지 않았다. 이렇게 임대료만 절감해도 불황에 흔들리지 않고 사업을 잘 운영할 수 있다.

3. 학벌과 연령 제한이 없다

흔히 학연, 지연, 혈연이 무엇보다 중요하다는 이야기를 하고는 한다. 이는 사업에서도 마찬가지다. 하지만 유튜브 마케팅에서는 통용되

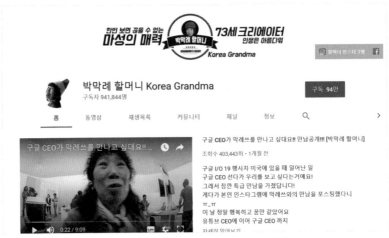

유튜버 박막례 할머니의 채널. 많은 분들이 유튜브로 제2의 인생을 살아가고 있다.

지 않는 말이다. 유튜브 채널을 만들 때 학벌이 어느 정도인지, 현재 나이는 어떤지, 지금 가진 자산은 얼마나 되는지 묻지도 따지지도 않기 때문이다. 나이가 어린 친구들뿐만 아니라 육아로 경력이 단절된 전업주부, 취직이 어려워 힘겨운 시기를 보내고 있는 취업 준비생까지 모두 제한 없이 유튜브를 할 수 있다.

유튜브에서는 내가 사장이 되어 독자적으로 제약 없이 자유롭게 채널을 운영할 수 있다. 더불어 정년퇴직, 명예퇴직 걱정도 없다. 은퇴 후 제2의 인생을 시작하고 싶은데 무엇부터 해야 할지 모르겠다면 과감히 유튜브를 시작해보자. 유튜브를 통해 자신의 강점을 콘텐츠로 탈바꿈하면 자신만의 수익 시스템을 구축할 수 있다. 실제로 15년간 학교에서 조리사로 일한 요리 베테랑인 나의 어머니는 요리 채널을 통해 유튜버 박막례 할머니처럼 제2의 인생을 준비 중이다. 이처럼 누구나 유튜브를 통해 자신의 직업적인 부분과 장점을 콘텐츠 삼아 은 퇴 이후의 삶을 준비할 수 있다.

4. '나'라는 개인 브랜드의 가치를 높일 수 있다

유튜브 마케팅은 단순히 광고만 하는 플랫폼이 아니다. 콘텐츠, 즉 이야기가 있는 마케팅이 가능하기 때문에 장기적으로 유튜브 채널을 꾸준히 운영하면 스스로를 브랜딩할 수 있다. 평범한 사람일지라도 채 널이 성장하면서 자연히 브랜드 가치가 높아진다. 더 나아가 점차 채 널의 팬층이 형성되고, 그에 따라 큰 영향력을 행사할 수 있게 된다. 그래서 유튜브 채널 구독자들은 콘텐츠보다 '나'라는 개인 자체를 좋 아하는 경우가 많다. 어떤 분야에 푹 빠져 마니아가 되기 시작했다는 것을 '입덕'이라 표현하기도 하는데, 이렇게 나에게 입덕하는 사람이 많아지면 자연스레 '나'라는 개인 브랜드의 가치도 높아진다.

나도 개인적으로 좋아하는 유튜버들이 꽤 많다. 그들은 연예인과 는 달리 더 가깝고 친근하다. 동시에 닮고 싶고 응원하고 싶은 그런 존재다. 구독자들은 자신이 어떤 일을 하든지 절대적으로 응원해주고 지지해주는 소중하고 고마운 존재들이다. 그래서 평소 구독자와 활발 히 소통을 하면 비즈니스 준비에 차질이 생겼거나, 사업의 방향성을 바꿔야 하거나, 제품 프로모션에서 문제가 생겼을 때 등 다양한 상황 에서 도움을 얻을 수 있다.

5. 매출로 이어질 확률이 가장 높은 플랫폼이다

　동영상 매체의 가장 큰 장점은 사진보다 생동감 있어 조금 더 상세하게 상품과 서비스를 접할 수 있다는 점이다. 따라서 유튜브는 매출과 가장 직접적으로 연계되는 플랫폼이다. 나 역시 유튜브뿐만 아니라 인스타그램, 블로그, 페이스북, 카카오스토리, 트위터 등 여러 SNS 계정이 있지만, 성과는 대부분 유튜브를 통해 거두었다. 무엇보다 다른 SNS를 통해 연락을 준 사람들보다 유튜브를 통해 연락을 준 사람들이 훨씬 더 적극적이고 더 큰 신뢰감을 보였다. 그래서 실제로 다른 매체로 문의한 분들에게 유튜브를 먼저 보고 오시라고 권유해드린 경우도 많았다. 체감상 유튜브를 거쳐 연락을 준 분들의 구매율이 다른 SNS로 연락을 준 분들보다 훨씬 높았기 때문이다.

　지금까지 언급한 유튜브의 5가지 장점은 유튜브 마케팅이 가진 장점 중 극히 일부일 뿐이다. 직접 채널을 운영하고 구독자들과 소통해보면 더 많은 장점이 있다는 걸 느낄 수 있을 것이다. 동영상 콘텐츠라는 특성상 막연히 진입장벽이 높을 것 같다는 편견 아닌 편견이 있지만, 실제로는 전혀 그렇지 않다. 부디 이 책을 통해 자연스럽게 그 편견에서 벗어나길 바란다. 지금이라도 당장 유튜브를 통해 마케팅과 퍼스널 브랜딩을 시도한다면 훗날 인생에서 가장 잘한 결정이었다고 생각하게 될 것이다.

유튜브는 불황이 없다

유튜브 마케팅을 하면 시장의 경기에 휘둘리지 않게 된다. 즉 불황을 체감하지 못한다. 자신의 채널이 꾸준히 성장하고 있다면 아무리 여러 대중매체에서 동시다발적으로 경기가 어렵다고 떠들어대도 피부에 와닿지 않는다. 주변 동종업계 사람들이 장사가 어렵다는 푸념을 늘어놓아도 자신과는 관련 없는 딴 세상 이야기가 된다. 왜냐하면 경기가 나빠도 제품에 대한 문의가 동시다발적으로 전국에서 쏟아지기 때문이다.

유튜브의 인기는 지금 말도 제대로 못하는 갓난아이부터 할머니, 할아버지까지 전 세대를 아우르고 있다. 유튜브 플랫폼의 특성상 전 세계 수십억 명의 사람들에게 동영상을 노출할 수 있기 때문에 마케팅 효과가 한국에만 국한되지 않는다. 국내 역시 전단지 광고처럼 한 지역에만 효과가 국한되지 않는다. 전략적으로 계획을 잘 세워 채널을 운영한다면 전국 진출, 해외 진출까지 어렵지 않게 모색할 수 있다. 또한 Z세대라 불리는 10대들에게 유튜브가 최고로 각광받는다는 점 역시 유튜브의 미래가 더 기대되는 이유다.

유튜브는 단순히 1~2년 반짝하고 사라지는 유행이 아닌, 최소 10년 이상의 트렌드를 주도할 '메가트렌드'로 자리매김했다. 업계 전문가들의 분석에 따르면 유튜브의 독주 체제는 강력한 시청자층인 10대가 구매력이 생기는 20~30대가 될 때까지 계속될 것이라고 한다. 따라서 앞

먹방 ASMR로 많은 사랑을 받고 있는 김영원 할머니의 채널. 앞으로도 영향력 있는 노년층의 채널들이 더욱 많아질 것이다.

으로 계속해서 동영상 중심의 마케팅이 주를 이루게 될 것이며, 그 파급력은 온라인 사업을 넘어 오프라인 사업으로까지 이어질 것이다.

사람이 모이는 곳에는 광고가 자연스럽게 붙기 마련이다. 19억 명이 이용하는 거대한 시장 유튜브를 외면한다면 경쟁자들에게 뒤처질 수밖에 없다. 무심결에 텔레비전 채널을 돌리다 홈쇼핑에서 상품을 주문하듯이 유튜브에서도 자연스럽게 구매가 이루어진다. 무심결에 여러 콘텐츠를 접하다 결제 링크까지 들어가는 경우가 비일비재하다. 현재 일부 국가들과 크리에이터들을 대상으로 유튜브 자체 쇼핑 플랫폼 기능을 베타테스트 중이며, 2020년에 정식 런칭될 예정이라고 한다.

최근 몇 년 전까지만 해도 '유튜버'라고 하면 특정 소수의 사람만

38   따라하면 매출이 따라오는 유튜브 마케팅

떠올릴 수 있었다. 사람들이 막연한 두려움으로 인해 유튜브를 시작하기 꺼렸기 때문이다. 그러나 누구나 가지고 있는 핸드폰 하나만으로도 어렵지 않게 동영상을 찍고 편집할 수 있는 시대가 되었다. 심지어 젊은 세대뿐만 아니라 50대 이상의 중년층, 노년층에서도 유튜브에 큰 관심을 보이고 있다. 박막례 할머니와 먹방 ASMR(심리적 안정을 주는 동영상이나 소리) 채널을 운영 중인 김영원 할머니가 대표적이며, 앞으로도 이처럼 영향력 있는 노년층의 채널들이 더욱 많아질 것이다.

한때는 나도 유튜브 채널을 통해서는 제대로 된 홍보가 되지 않는다는 생각을 할 때가 있었다. 정확하게는 아예 홍보를 할 생각조차 못했다는 게 더 맞을 것이다. 그러나 일찍이 이 시장의 가능성을 앞서 본 대기업과 일부 중소기업은 이미 한발 빠르게 유튜브 마케팅을 시작했으며, 유튜버들과의 협업을 통해 직간접적인 홍보를 병행해오고 있다. 이를 통해 투자 대비 막대한 수익을 얻었고, 함께 협업한 유튜버들도 한 걸음 더 나아가 개인 브랜드를 론칭하고 있다. 이러한 유튜버들과의 협업은 결코 대기업만 가능한 게 아니다. 작은 가게를 운영하는 소상공인들도 가능한 방법이다. 협업이 싫다면 직접 채널을 운영해 자신의 입맛에 맞게 진두지휘하면 된다.

유튜브는 불황이 없기 때문에 콘텐츠만 잘 만든다면 광고 수익으로 추가적인 인생 연금을 만들 수 있다. 광고 수익을 통해 전업 크리에이터로서의 삶을 꿈꾸는 사람도 많을 것이다. 실제로 1인 크리에이터가 되기 위해 이 책을 선택한 독자들도 있겠지만, 전업 유튜버와 비즈니스 유튜브 마케팅은 그 맥락이 다르다. 유튜브 채널에 올리는 동영상에 광고를 붙여 큰돈을 버는 구조는 한참 후에야 가능한 일이다. 당장은 유튜브를 자신을 알리는 수단과 도구로써 사용하는 게 좋다. 최근에 유튜브 파트너의 자격 요건이 바뀌어 지난 12개월 동안 채널 시청 시간이 4천 시간에 달해야 하고, 구독자 수 역시 1천 명을 넘어서야 파트너 프로그램 참여 대상으로 검토될 수 있다. 그렇기 때문에 채널이 성장하기 전까지는 유튜브에 동영상을 올려 광고 수입을 내는 게 불가능해졌다.

나의 경우 유튜브 광고 수입은 아예 수입이라고 치부하지 않는다. 유튜브 광고 수입이라는 작은 것에 매달리면 큰 것을 놓칠 수 있기 때문이다. 그저 양질의 콘텐츠를 올리면서 신규 고객들을 유치하기 위해 노력했고, 수입은 사업을 통해 거두었다. 물론 비즈니스의 일환으로 잠재고객을 유치하는 콘텐츠를 올리면 어느 순간 유튜브 파트너 자격 조건을 갖출 수 있게 되고, 자연히 유튜브 광고를 통해 수입이 나기 시작한다. 그렇게 되면 유튜브 전용 통장을 하나 개설해 연금처럼 그냥 따로 묵혀두기 바란다. 어느 정도 돈이 쌓이기 전에는 잔고에 신경 쓰지 않는 것이 좋다. 자칫 광고 수입에 현혹되어 질이 떨어지는 콘텐츠를 남발할 수 있기 때문이다. 광고 수입 때문에 주객이 전도되어서는 안 된다.

계속해서 꾸준히 좋은 콘텐츠를 올리면 평생에 걸쳐 크고 작은 수익을 꾸준히 낼 수 있게 될 것이다. 심지어 내가 몇 달, 길게는 몇 년

까지 쉬어도 유튜브는 계속해서 수익을 낼 수 있다. 이 정도의 안정 궤도에 들어서기 전까지는 광고 수입에 연연하지 않는 것이 좋다. 유튜브 광고 수입을 그저 또 다른 연금이라고 생각해보자. 국민연금을 1~2년 불입한다고 돈을 바로 받을 수 있는 게 아니듯이 유튜브 또한 정말 특별한 경우가 아니라면 단기간에 수익 구조를 만들 수 없다. 돈을 오래 넣을수록 나중에 돌려받는 국민연금의 금액이 커지는 것처럼 유튜브 또한 끈기를 가지고 꾸준히 운영해야 빛을 볼 수 있다.

스타 유튜버가 아니더라도 수익을 낼 수 있다

유튜브는 구독자가 10만 명이 넘는 유튜버에게는 실버버튼 상패를, 100만 명이 넘는 유튜버에게는 골드버튼 상패를, 1천만 명이 넘는 유튜버에게는 다이아버튼 상패를 주고 있다. 사람들의 관심이 집중되는 '스타 유튜버'에 대한 정확한 기준은 없지만 최소한 실버버튼에 근접하거나 도달한 이들을 일컫는다고 보면 된다. 그렇다면 유튜브를 통한 수익 창출은 스타 유튜버들만의 고유 영역인 것일까? 실버버튼 이상을 획득한 유튜버들만 유튜브로 돈을 많이 벌 수 있는 걸까?

단언컨대 스타 유튜버가 아니어도 누구나 수익을 창출할 수 있다. 왜냐하면 유튜브의 수익 구조가 동영상 광고 수입 하나에 국한되지 않기 때문이다. 만일 오로지 광고 조회수에 따른 수익에만 의존한다면 당연히 구독자 수가 많을수록 유리하다. 하지만 유튜브 마케팅은 단순히 조회수에만 매달리는 마케팅 방법이 아니다. 물론 조회수가 높고 구독자가 많다면 유리한 건 사실이지만, 조회수와 구독자가 많은 사람만 할 수 있다는 편견은 버릴 필요가 있다.

동영상 콘텐츠와 사업을 연계하라

나 역시 거대한 팬덤을 거느린 스타 유튜버들과 비교하면 구독자가 3만 6천여 명으로 적은 편이다. 그럼에도 불구하고 사업을 성장시키고 안정적으로 수입을 창출하고 있는 이유는 동영상 콘텐츠와 사업을 잘 연계했기 때문이다. 구독자가 똑같이 1만 명이라고 할지라도 중구난방으로 먹방, 브이로그, 여행, 독서, 패션 등 다양한 주제로 콘텐츠를 만들었다면 구독자들의 관심사는 제각각일 것이다. 그러나 하나의 콘셉트를 메인 콘텐츠로 잡고 채널을 꾸준히 운영해 1만 명을 모았다면 그들의 관심사는 해당 콘셉트로 귀결된다.

　나의 경우 동영상을 통해 '다이어트'라는 일관된 키워드를 내세웠고, 더불어 직접 먹어보고 실제로 효과를 본 다이어트 제품들을 바탕으로 콘텐츠를 만들었다. 주제가 다양하지 않기 때문에 확장성이 부족할 수 있다는 단점은 있지만 나의 목표는 단순히 셀럽이 되는 것이 아닌 마케팅을 하는 것이었다. 유튜브 마케팅을 통해 잠재고객을 확보

나의 유튜브 채널은 콘텐츠를 통해 '다이어트'라는 일관된 키워드를 내세웠다.

하고 이들을 충성고객으로 만드는 것이 목표였기 때문에 일관된 콘셉트를 고수한 것이다. 이러한 일관된 전략은 먹방이나 게임 등 다른 관심사를 가진 구독자들을 끌어모으지 못할지라도 비즈니스와 직접적으로 관련된 구독자를 확보할 수 있다는 장점이 있다.

이러한 전략은 나에게만 국한된 사례가 아니다. 누구나 본인만의 동영상 콘텐츠와 사업을 잘 연계하면 스타 유튜버가 아니어도 안정적인 수입을 창출할 수 있다. 남녀노소 누구나 유튜브를 운영하는 것만으로 사업을 확장시킬 수 있는 것이다. 대표적으로 '치과의사 이수진' 채널 역시 자신의 사업과 콘텐츠를 잘 엮은 케이스라고 할 수 있다. 그녀는 50대라는 나이가 믿어지지 않게 자기관리를 철저히 하면서 치과의사라는 직업과 관련된 콘텐츠를 올리고 있다. 유튜버인 동시에 치과의사이므로, 구독자들이 유튜브를 넘어 오프라인으로 직접 치료

'치과의사 이수진' 채널은 자신의 사업과 콘텐츠를 잘 엮은 대표적인 사례다.

를 받기 위해 찾아온다고 한다. 나 또한 기회가 된다면 그녀에게 치료를 받고 싶을 정도로 굉장한 팬이다. 그녀의 사례를 통해 단순히 유튜브가 동영상을 올리고 광고 조회수로 돈을 버는 플랫폼이 아니라 그 이상의 영향력이 있다는 걸 깨달았으면 좋겠다.

사업을 준비 중이라면 어떻게 해야 할까?

사업의 종류는 다양하다. 연령별, 업종별로 유튜브 채널과 콘셉트 역시 무궁무진하다. 하다못해 취업 준비생일지라도 탄탄한 유튜브 채널을 하나 가지고 있다면 큰 무기(포트폴리오)가 될 수 있다. 그렇다면

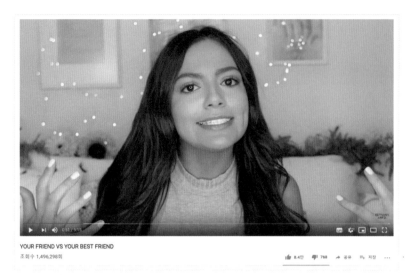

YOUR FRIEND VS YOUR BEST FRIEND
조회수 1,496,298회

👍 8.4천   👎 768   ↱ 공유   ⬇ 저장   ···

'베타니 모타'의 유튜브 동영상. 그녀는 중학생 때부터 유튜브를 시작해 본인의 브랜드 가치를 높였다.

아직 사업을 준비 중이거나 뚜렷한 비즈니스 모델이 없는 경우에는 어떻게 해야 할까? 방향이 정해질 때까지 유튜브를 시작하지 말아야 할까?

예를 들어 10~20대라면 본인의 가치를 높이는 것이 중요한 시기다. 이때는 퍼스널 브랜딩의 초석을 다질 수 있다. 만일 10대라면 본인의 관심사에 따른 취미 생활이나 일상을 차근차근 콘텐츠로 만드는 식으로 시작하면 좋다. 특히 앞으로 나아갈 방향과 꿈이 확고하다면 더 쉽게 채널을 운영할 수 있다.

대표적인 예로 중학생 때부터 유튜브를 시작해 미국의 어린 여학생들의 하이틴스타가 된 베타니 모타(Bethany Mota)가 있다. 그녀는 중학교 때 왕따를 견디지 못하고 학교를 자퇴한 뒤 홈스쿨링을 했다. 그

'밥팅의 미술시간' 채널. 자신의 취미 생활을 콘텐츠로 만든 좋은 예다.

때부터 유튜브를 시작했는데 또래 여학생들의 많은 공감을 얻게 되었고, 특유의 밝고 쾌활한 에너지로 전 세계 많은 또래 학생들을 매료시켰다.

또 하나의 예로는 '밥팅의 미술시간' 채널이 있다. 주력 콘텐츠는 '다이어리 꾸미기'인데, 다이어리 꾸미는 과정을 꾸준히 촬영해 채널에 올리면서 많은 사랑을 받았다. 이러한 콘텐츠는 추후 다이어리, 스티커와 같은 문구류 업체와의 협업으로도 이어질 수 있다. 소박한 취미로 시작한 다이어리 꾸미기 동영상은 이 10대 유튜버를 작가로도 만들어주었다. 다이어리 꾸미기로 책을 2권이나 출간한 것이다.

취미 생활 콘텐츠도 인기가 좋지만 최근에는 공부를 주제로 한 콘텐츠도 각광을 받고 있다. 일례로 특목고나 의대, 치대에 다니는 유튜버들이 '함께 공부해요.'라는 콘셉트로 학생을 대상으로 한 동영상을 만들고 있다. 이처럼 학생들 역시 자신의 강점을 바탕으로 충분히 유튜브를 운영할 수 있다. 의대생의 경우에는 추후 전문의가 되어서 개업한 뒤에도 해당 유튜브 채널이 큰 도움이 될 것이다.

이처럼 10~20대 때부터 유튜브 채널을 통해 장기적으로 본인의 사업과 커리어의 밑거름을 만들 수 있다. 당장 사업을 하지 않을지라도 관심 있는 분야가 있다면 미리미리 콘텐츠를 만들어 구독자를 모으기 바란다. 내가 즐겨 보는 'durifilm'이라는 유튜버는 미국 대학 생활 브이로그로 인기를 얻던 시절, 콘텐츠를 통해 자연스럽게 졸업하면 블로그 마켓을 하고 싶다고 언급했다. 그리고 실제로 세련되고 멋진 스타일로 많은 팬을 확보해 그 발판을 마련했고, 졸업 후에 한국과 미국을 오가며 본인의 사업을 잘 일궈나가고 있다. 이처럼 명확한 방향성이 있다면 당장 꼭 창업을 하지 않아도 미래를 대비해 유튜브를 운영할 수 있다. 유튜브를 통해 미래의 비즈니스를 위한 큰 그림을 그려두면 훗날 큰 도움이 될 것이다.

그렇다면 30~40대는 어떨까? 지금 이 연령대야말로 유튜브 채널을 운영하기에 가장 좋은 시기라고 생각한다. 아직까지 유튜브 채널을 직접 운영하기보다는 구독자의 입장에 머무르는 사람이 많은데, 이 연령대는 대부분 직장이 안정된 경우가 많아 카메라 등의 장비를 어느 정도 갖추는 데 큰 부담이 없다. 특히 자녀와 관련된 콘텐츠를 만들 수 있는 시기이기도 한데, 임신과 육아는 사람들의 니즈가 큰

유튜브에서 '육아 브이로그'를 검색한 화면. 임신과 육아는 사람들의 니즈가 큰 주제다.

주제다. 임신 준비 과정부터 출산, 아이 키우는 과정에 대한 팁을 알려주는 동영상은 10~20대는 시도할 수 없는 영역이기도 하다. 실제로 유튜브에서 '육아 브이로그'를 검색하면 사람들의 관심이 얼마나 큰지 알 수 있다.

쉽게 볼 수 있는 30~40대 유튜버들의 콘텐츠로는 또래들의 공감대를 살 수 있는 요리, 살림 팁이 대표적이다. '같이 청소해요.', '같이 요리해요.' 등 엄마들의 브이로그 동영상이나 아이 교육과 관련된 본인의 철학도 수요가 높다. 집 꾸미는 법부터 시작해서 아이 방 꾸며주기 등 인테리어 분야까지 다룰 수 있다. 본인의 관심사에 따라 활용할 수 있는 콘텐츠는 그야말로 무궁무진하다.

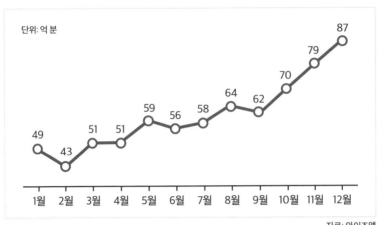

2018년 50대 이상 유튜브 이용 시간 추이(안드로이드 기준)

단위: 억 분

49 43 51 51 59 56 58 64 62 70 79 87

1월 2월 3월 4월 5월 6월 7월 8월 9월 10월 11월 12월

자료: 와이즈앱

그렇다면 제2의 인생을 시작하는 50~60대가 활용하기 좋은 콘텐츠는 무엇일까? 이전에 자신이 해왔던 본업이나 잘하는 일 등 경험을 바탕으로 한 콘텐츠가 가장 매력적이다. 또래를 대상으로 한다면 중년 건강관리 및 운동 팁, 재테크 팁을 주제로 유튜브를 운영할 수도 있다. 특히 중년 뷰티, 패션 분야는 아직까지 한국에선 전무후무해 도전해볼 가치가 있는 영역이다. 50대 이상의 유튜브 이용 시간은 한 해에만 약 2배 가까이 상승했다. 50대 이상의 시청자를 대상으로 한 콘텐츠가 전망이 밝은 이유다. 이처럼 자신의 비즈니스 모델이 뚜렷하지 않더라도 누구나 쉽게 도전할 수 있고, 효과를 볼 수 있는 게 유튜브 마케팅이다.

따라하면 매출이 따라오는 유튜브 마케팅

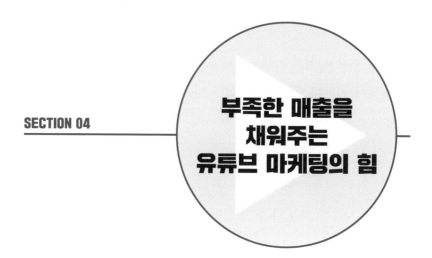

SECTION 04

부족한 매출을
채워주는
유튜브 마케팅의 힘

이번 섹션에서는 내가 유튜브 마케팅을 통해 어떻게 사업체의 매출을 성장시킬 수 있었는지 소개해보려 한다. 하나의 사례이므로 유튜브 마케팅으로 사업체를 부흥시킨 모든 케이스를 대변할 수는 없지만, 이제 막 유튜브를 시작하려는 사장님들에게는 유의미한 이야기라고 생각한다.

나 역시 처음부터 비즈니스에서 승승장구했던 것은 아니다. 나의 경우 폐업 직전에 우연히 올린 다이어트 동영상을 통해 기적적으로 기울어가던 사업체가 되살아난 케이스다. 좌절하지만 않는다면 불행이 오히려 희망의 토대가 될 수도 있다고 생각한다. 만일 당시에 어설프게 사업이 그냥저냥 유지되었다면 유튜브 마케팅을 생각하지 못했을 수도 있다. 오히려 힘든 시기가 있었기 때문에 유튜브에까지 손을 뻗칠 수 있었고, 불행을 새로운 출발점으로 삼을 수 있었다. 불행 앞에 굴복해 비탄에 잠겼거나 어설픈 성공에 안주했다면 지금의 나도 없었을 것이다.

지금 당장 장사가 잘되지 않거나, 손님이 적거나, 투자를 유치하지 못하는 등의 이유로 자신이 불행하다고 느껴진다면 "불행을 이용하는 지혜로운 사람이 되라."라는 작가 지그 지글러(Zig Ziglar)의 명언을 되새기기 바란다. 그의 말처럼 위기를 기회로, 불행을 희망으로 바꿀 수 있기를 바란다.

유튜브에서 돌파구를 찾다

지금 이 글을 읽고 있는 독자들 중에는 안타깝게도 언제 사업장이 망할지 몰라 노심초사하는 경우도 있을 것이다. 혹은 창업 준비 단계나 운영 초기 단계에서 큰 어려움에 직면했을 수도 있다. 이 이야기를 통해 그런 이들에게 용기와 희망을 주고 싶다. 나 또한 23살 어린 나이에 무턱대고 사업을 시작했었다. 당시에는 말도 잘 안 통하던 미국에서 말 그대로 '맨땅에 헤딩'을 하며 온갖 시행착오를 겪었다. 낯선 이국땅에서 변변한 수입이 없었기 때문에 어학연수에만 집중하기에는 생활이 빠듯했다. 그래서 남는 시간을 쪼개 한 푼이라도 벌어야겠다

미국에서 구매대행 일을 하던 시절에 찍은 상품 사진

는 생각이 들었고, 정말 아무런 준비 없이 누구나 쉽게 시작할 수 있는 비즈니스를 찾았다. 미국에서 살기만 하면 가능한 구매대행 일이었다. 당시에는 '나도 쉽게 할 수 있겠지.' 하는 다소 안일한 생각으로 무턱대고 사업자 등록을 했다.

처음 사업을 시작했을 당시 미국에 살면 바로 쉽게 구매가 가능한 브랜드 세포라의 화장품, 빅토리아 시크릿의 속옷 구매대행부터 시작했다. 그러나 세일 기간을 제외하면 사실상 가격 경쟁이 어려웠다. 나중에는 차비가 더 많이 드는 지경이 되었고, 배보다 배꼽이 커져서 낮은 구매대행 수수료로는 오히려 적자가 나기까지 했다. 그러한 과정을 겪으면서 구매대행이라는 사업이 누구나 쉽게 할 수 있지만 아무나 할 수 있는 건 아니라는 걸 깨달았다. '돈을 번다는 게 정말 만만하게 보면 안 되는 일이구나.'라고 다시금 절실하게 느꼈다. 사실 구매대행은 시작하기 쉬운 만큼 경쟁도 치열하다. 이미 포화 상태의 레드오션이었고, 구매대행 사업 특성상 다 비슷비슷한 물건들을 비슷한 루트로 사입해서 판매했기 때문에 매출이 크게 일어나지 않았다. 사업 초반에는 나만의 특색과 주력 상품이 없었기 때문에 더욱 힘들었다.

몇 년간 꾸준히 운영했던 블로그, 인스타그램, 카카오스토리, 페이스북을 동원해 홍보해도 효과가 별로 없어 한계에 부딪혔다. 왜냐하면 이들 플랫폼만으로는 새로운 신규 고객 유치가 거의 되지 않았기 때문이다. 당시 운영하던 유튜브 채널은 마케팅 도구라기보다 취미의 영역에 가까웠고, 이곳에서 홍보가 가능하다는 사실조차 인지하지 못하고 있었다.

결국 점점 매출은 바닥으로 곤두박질쳤고, 다 포기하고 싶다는 생각도 들었다. '아, 사업은 내 길이 아니구나.'라는 마음이 들 정도였다. 그러다 내가 가진 남들과 다른 장점은 무엇이고, 사람들이 나의 어떤 이야기에 관심을 가졌는지 고민하게 되었다. 그리고 '다이어트'라는 키워드를 떠올렸다. 다양한 상품들을 SNS 계정들로 판매했지만 유독 나의 경험이 담겨 있던 다이어트 제품들의 매출이 좋았다는 게 떠올랐다. 그렇지만 기존의 개인 SNS 채널은 신규 유입이 적어 고객 유치에 한계가 있었고, 어느 새벽에 문득 유튜브를 통해 다이어트에 관해서 동영상을 남겨보자는 생각이 들었다.

나는 다이어트를 수년간 해오면서 느낀 감정을 동영상을 통해 솔직히 풀어놓았고, 운동과 다이어트 식단 없이도 체중을 감량하고 체질까지 개선할 수 있었던 노하우를 공개했다. 나와 같은 시행착오를

[다이어트 바이블#1]My Weight loss story
-30lbs/tips&motivation(13kg감량 강애교 다이어트 1편)
강사랑BarbieWorld · 조회수 9.7만회 · 3년 전
긴급공지 : 오늘 새벽부터 갑자기 제 카톡아이디가 검색이 안되신다고 하시는분들 계셔서ㅠㅠ 1 626 652
5115 제 전화번호예요! 이거 연락처에 저장하시면 카톡 뜬다고 해요 ! 아이디 검색안되는거에 관해서 카

[다이어트 바이블#4]60kg→47kg,13kg감량 다이어트 팁&노하우 운동
편(부제 : 살빼고 싶으면 스쿼트 당장 그만해라)
강사랑BarbieWorld · 조회수 170만회 · 3년 전
My Weight loss story -30lbs / tips&motivation 4
안녕하세요ㅎㅎ강애교입니다+_+!!! 오늘은 제가 60kg에서 47kg까지.. 총 13kg 가까이 뺀 저의 다이어...

[다이어트 바이블#5]60kg→47kg,13kg감량: 인생 다이어트(폭식증,식
이장애가 생겼던 계기&극복 이야기)
강사랑BarbieWorld · 조회수 6만회 · 3년 전
My Weight loss story -30lbs / tips&motivation 5
안녕하세요ㅎㅎ강애교입니다+_+!!! 오늘은 제가 60kg에서 47kg까지.. 총 13kg감량한 다이어트 이야기

사람들로부터 큰 호응을 얻었던 나의 다이어트 콘텐츠

남들이 겪지 않도록 가능한 한 모든 팁을 사람들에게 알려주고 싶었다. 그리고 과거의 나와 마찬가지로 다이어트와 자존감 등 여러 문제로 힘든 사람들에게 진심으로 위로와 용기의 말을 전하고 싶었다. 그래서 무작정 카메라를 켜고 대본도 없이 '의식의 흐름'대로 동영상을 찍었다. 그때 처음 올린 다이어트 콘텐츠 덕분에 다행히도 많은 사람들이 상담을 요청하고 관련 제품을 문의하기 시작했다.

그때의 동영상을 볼 때면 지금도 얼굴이 화끈거릴 정도로 부끄럽다. 하지만 지금도 자신 있게 말할 수 있는 건 단 한 사람이라도 다이어트에 성공할 수 있는 힘과 용기를 갖기 바라는 마음에서 진심을 담아 진정성 있게 만들었다는 것이다. 그랬기에 다소 부족한 면이 있는 동영상임에도 불구하고 많은 사람들의 호응을 얻을 수 있었다.

단순히 동영상을 보는 것에서 그치지 않고 직접 나에게 연락을 하

는 사람도 생기기 시작했다. '유튜브 채널을 마케팅 도구로 이용할 수 있다는 걸 좀 더 일찍 깨달았거나, 누군가 알려주었다면 좋았을 텐데.'라는 생각이 들었다. 그렇게 다이어트 동영상이 계기가 되어 가까스로 죽어가던 사업을 살릴 수 있었고, 연달아 시리즈 동영상들이 50만 뷰, 100만 뷰를 돌파하면서 단기간에 큰 성과를 거두게 되었다.

이런저런 홍보를 해도 사업이 지지부진하고 현상 유지만 되는 것 같다면 결코 잘되고 있는 것이 아니다. 매년 조금씩이라도 성장을 해야 한다. 정말 잘되는 사업의 경우에는 급진적으로 단기간에 수직 상승하며 팽창할 수도 있지만, 일반적인 경우에는 단계적으로 계단식 그래프를 그리며 성장하게 된다. 현상 유지만 하거나 매출이 조금씩 떨어진다면 분명 사업에 문제가 있는 것이다. 만일 이런 상황이라면 본인의 사업을 진지하게 되돌아보고 점검해볼 필요가 있다. 그럼에도 불구하고 해답을 찾지 못했다면 지금이라도 유튜브 마케팅을 시작해보기 바란다. 유튜브가 문제 해결의 가장 빠른 돌파구가 되어줄 것이다.

비즈니스 모델이 뚜렷하지 않더라도

누구나 쉽게 도전할 수 있고,

효과를 볼 수 있는 게 유튜브 마케팅이다.

PART

2

누구나 쉽게
따라하는 유튜브
마케팅 노하우

가장 좋은 광고는
만족한 고객이다.

_필립 코틀러(Philip Kotler)

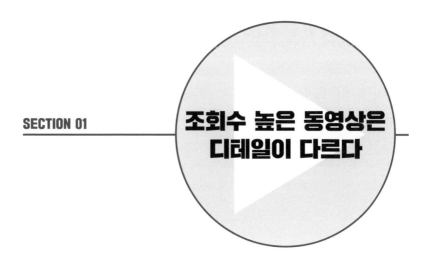

SECTION 01

조회수 높은 동영상은 디테일이 다르다

그냥 아무 생각 없이 우연히 올린 동영상과 아주 치밀하게 기획된 동영상 중 대박이 날 확률이 높은 쪽은 어느 쪽일까? 당연히 전자보다는 마케팅 전략이 동반된 후자의 경우가 확률이 더 높을 것이다. 여기서 말하는 '대박'이란 조회수가 높거나, 조회수가 낮더라도 구독자로 전환되는 비율이 높은 콘텐츠를 뜻한다. 그렇다면 사람들에게 좋은 반응을 얻는 동영상의 공통적인 특징과 그 이면에 숨겨진 비밀은 무엇일까?

결론부터 이야기하자면 시선을 사로잡는 썸네일(동영상 리스트 등에 노출되는 미리 보기 이미지), 제목, 발상의 전환에 해답이 있다. 이번 섹션을 통해 함께 알아보자.

놓치지 말아야 할 썸네일과 제목

썸네일과 제목은 사람들을 이끄는 광고판이자 출입문이다. 광고판이 볼품없고 출입문이 지저분하다면 해당 가게는 사람들이 방문하지 않을 것이다. 마찬가지로 썸네일과 제목 역시 동영상을 클릭할지 말지를 결정하는 아주 중요한 요소이므로 반드시 꼼꼼하게 신경 써야 한다. 썸네일과 제목은 결코 모호해서는 안 된다. 해당 동영상의 주제를 확실하게 드러내야 한다.

주의할 점은 많은 사람들에게 관심을 받고 싶더라도 썸네일과 제목이 내용과 주제에서 크게 벗어나면 안 된다는 것이다. 제목을 보고 클릭했는데 내용이 전혀 다르다면 좋은 반응을 얻기 힘들다. 유튜브 본사에서도 그런 동영상은 싫어하며 시청자에게도 반감만 사게 된다. 반감을 산 시청자는 절대 구독자가 될 수 없다. 물론 약간의 호기심이 들 수 있는 제목은 괜찮지만 너무 주목받기 위해 작위적으로 만드는 것은 금물이다. 이 '작위적인 것'과 '유머러스한 것'이 한 끗 차이여서 주의를 기울여 만들 필요가 있다. 유튜브 썸네일 권장 사이즈는 다음과 같다.

픽셀(px) 사이즈: 1280×720

센티미터(cm) 사이즈: 33.86×19.05

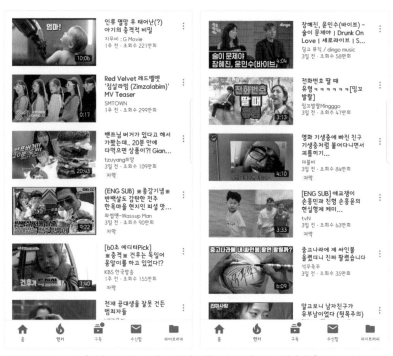

유튜브 인기 리스트에 올라온 동영상들. 좋은 썸네일은 시청자의 이목을 끌고 내용을 함축적으로 잘 드러낸다.

제목의 경우 너무 자극적인 단어를 선택하면 오해를 살 수 있고, 팬들도 부정적인 반응을 보일 수 있다. 논란의 여지가 생길 수도 있으니 지양하도록 하자. 최근에는 썸네일 또한 너무 자극적으로 만들면 유튜브에서 자체적으로 수익 창출이 되지 않도록 막기 때문에 더더욱 조심해야 한다. 수익 창출이 막히지는 않더라도 추천 동영상에 뜰 확률이 낮아지는 등 제재를 받을 수 있다.

단순히 조회수만 올리기 위한 자극적인 썸네일과 제목은 자제해야 하지만 적절히 균형을 잘 맞춘다면 호기심을 불러일으킬 수 있다. 아무리 콘텐츠가 좋아도 썸네일과 제목이 좋지 못하면 클릭으로 잘 이어지지 않기 때문에 반드시 신경 써야 한다. 썸네일만 잘 만들어도 동영상 클릭률이 높아지고, 콘텐츠 노출에도 도움이 되는 선순환이 만들어진다. 누구라도 한번쯤 호기심이 생기고 관심을 가질 수 있는 매력적인 썸네일과 제목을 꾸준히 연구해보자. 비슷한 분야에서 큰 성과를 거두고 있는 유튜버들의 사례를 보고 배우면 대략 어떤 식의 썸네일과 제목이 반응이 좋은지 알 수 있을 것이다.

썸네일을 만들 때 팁을 하나 주자면 되도록 얼굴이 나오는 이미지를 만드는 게 좋다. 얼굴 표정을 최대한 잘 드러내는 게 사람들의 호감을 살 확률이 높고, 얼굴이 없는 썸네일보다 더 신뢰감을 줄 수 있다. 그리고 가독성을 높이기 위해 왼쪽부터 오른쪽으로, 위에서 아래로 글자를 넣는 게 좋다. 마지막으로 썸네일을 만들 때는 사진과 폰트 등의 저작권을 잘 알아보고 사용해야 한다. 그래야 저작권 문제로 불이익을 받지 않는다.

발상의 전환이 필요하다

조회수가 높은 동영상의 경우 대부분 발상의 전환, 즉 기존의 통념을 깬 콘텐츠가 많다. 내 동영상의 경우에도 이에 해당되는 좋은 사례가 몇 가지 있다. 기존의 통념으로는 다이어트 시 운동과 식단 관리가 필

[다이어트 바이
블#4]60kg→47kg,13kg감량
조회수 170만회 · 3년 전

[다이어트 바이블#12]운동없
이,식이요법없이 -14kg(30lb)
조회수 56만회 · 2년 전

[다이어트 바이
블#2]60kg→47kg,13kg감량
조회수 40만회 · 3년 전

[다이어트 바이블#37]운동없
이,식이없이 18kg감량, 나 혼
조회수 39만회 · 1년 전

[다이어트 바이
블#3]60kg→47kg,13kg감량
조회수 23만회 · 3년 전

[다이어트 바이블#6]운동없이,
식이요법없이
조회수 16만회 · 3년 전

발상의 전환으로 큰 호응을 얻었던 동영상들

수라 여겼다. 하지만 나는 콘텐츠를 통해 '운동과 식단 관리가 필요
없다.'라는 메시지를 던졌다. 특히 다이어트에 도움이 된다고 널리 알
려진 스쿼트 자세를 하지 말라고 했더니 많은 사람들이 경악했다. 스
쿼트 운동을 하지 말라고 하자 트레이너들의 견제를 받기도 했었는
데, 반발하는 사람이 많았다는 건 그만큼 큰 관심을 이끌어냈다는 뜻
이기도 하다. 실제로 이러한 콘텐츠로 시청자들로부터 큰 호응을 얻
을 수 있었다.

　무엇보다 중요한 건 차별화된 자신만의 콘텐츠다. 다른 동영상과는
다른 점이 있어야 한다. 차별화된 콘텐츠가 아니라면 높은 조회수를
기록하기 힘들다. 다른 이들의 콘텐츠와 비슷한 주제라면 자신만의 색
깔과 매력 포인트가 있어야 한다. 자신만의 색깔이 없는 동영상은 유

튜브 동영상의 홍수 속에서 조용히 묻힐 수밖에 없다.

콘텐츠를 만들기 전에 다른 사람들은 만들 수 없는 자신만의 주제인지 되새겨보고, 만일 주제가 비슷하다면 그 안에서 다른 차별점을 추가할 수 없는지 검토해봐야 한다. 주제도 내용도 차별화할 부분이 없다면 본인만의 캐릭터로 승부하는 방법도 있다. 여기서 말하는 캐릭터란 독특하고 특이한 외관이나 성격만을 이야기하는 것이 아니다. 가령 '박막례' 할머니의 경우 주변에서 쉽게 떠올릴 수 있는 재밌고 푸근한 할머니 이미지지만 그동안 유튜브에서 쉽게 볼 수 없었다는 차별점이 있었다. 자신만의 색깔과 개성을 어필할 수 있다면 충분히 승산이 있다. '박막례' 할머니의 사례처럼 자신만의 캐릭터를 구축해 채널에 일관되게 노출시켜야 한다. 동영상마다 캐릭터가 우왕좌왕해서는 안 된다. 캐릭터 구축 및 활용에 대해서는 뒤에서 더 자세히 다루도록 하겠다.

만일 캐릭터가 조금 약하거나 아직 어떻게 콘셉트를 잡아야 할지 잘 모르겠다면 콘텐츠의 질을 차별화하는 게 좋다. 어떤 이에게 물건을 살 때 파는 이가 신뢰감이 가거나, 목소리가 좋다는 이유로 구매를 결정할 때가 있다. 개성이 뚜렷하지 않더라도 자신만의 강점을 살려 깔끔하거나 신뢰감 있는 이미지를 구축하면 충분히 승산이 있다. 또한 동영상에는 뚜렷한 메시지가 담겨 있어야 한다. 보고 있는 시청자의 입장에서 '대체 당신이 이 동영상으로 전달하고자 하는 메시지가 뭐야?'라고 되묻게 된다면 잘 만든 콘텐츠라 할 수 없다. 설명글 없이 동영상만 봐도 유튜버가 전달하고자 하는 바가 드러나야 잘 만든 콘텐츠다.

간과하지 말아야 할 것은 우리가 유튜브를 하는 목적이다. 마케팅적인 부분에서 목적 달성이 안 되면 실패한 콘텐츠라 할 수 있다. 조회수가 100인데 10명이 구매 행동을 한 동영상과 조회수가 1천인데 1명이 구매 행동을 한 동영상이 있다고 가정해보자. 당연히 마케팅에서는 조회수가 적어도 전자의 동영상이 더욱더 성공한 콘텐츠다.

검색엔진 최적화로 상위 노출을 노리자

무엇보다 채널이 가장 빠르게 성장하고 마케팅에서도 큰 성과를 거두는 순간은 자신의 동영상이 유튜브 상단에 노출되었을 때다. 그렇다면 유튜브 추천 동영상이나 인기 동영상 등에 콘텐츠가 쉽게 노출되려면 어떻게 해야 할까? 유튜브에는 지금 이 순간에도 셀 수 없을 만큼 많은 동영상이 올라오고 있다. 유튜브 본사에서 일일이 수십만 개의 동영상을 검토할 수 없기 때문에 검색엔진을 통해 노출시킬 동영상을 추려내게 되는데, 이때 자신의 콘텐츠가 잘 노출될 수 있도록 유도하는 작업을 전문용어로 '검색엔진 최적화(SEO ; Search Engine Optimizaion)'라고 부른다.

보통 검색엔진 최적화를 통해 상위에 노출되었을 때 시청자 유입이 가장 많으며, 유입량 기준으로 구글 검색과 같은 외부 검색이 2순위, 유튜브 내부 검색이 3순위다. 1순위인 추천 동영상, 인기 동영상의 경우 구글 검색과 유튜브 검색을 통한 트래픽과 시청 지속 시간 등을 검토해 선정되는 것으로 알려져 있다. 1순위는 유튜버 스스로의 힘으로 관여하는 데 한계가 있으나 2순위와 3순위는 유튜브 검색엔진 최적화를 통해 관여할 수 있다.

1. 10분 정도의 긴 동영상을 만들어라

장기적으로 7~16분 길이의 동영상을 꾸준히 만드는 것이 가장 좋다. 이보다 짧으면 누적 시청 시간을 채우기 힘들고, 이보다 길면 집중력이 떨어져 지속 시청 시간을 채우기 힘들어진다. 누적 시청 시간과 지속 시청 시간이 올라갈수록 추천 동영상과 인기 동영상 상단에 오를 확률이 높아지기 때문에 10분 정도의 동영상을 만드는 것이 좋다. 물론 콘텐츠의 주제와 타깃층에 따라서 동영상 길이는 짧아지거나 길어질 수 있다.

2. 실시간 스트리밍(라이브 방송)을 하자

실시간 스트리밍, 즉 라이브 방송을 하면 추천 동영상과 상단에 자주 노출되기 때문에 구독자를 더 빨리 모을 수 있다. 물론 콘텐츠나 방향성 없이 그냥 생방송을 하거나, 구독자 수가 너무 적은 상태에서는 큰 효과를 볼 수 없는 방법이다. 최소한 1천 명 이상의 구독자를 확보했을 때 시도하는 것이 좋다. 그리고 실시간 스트리밍 전에 반드시 구독자들에게 라이브 방송 시간을 홍보하도록 하자.

3. 몰입감 있는 콘텐츠로 구독자 충성도를 높여라

사실 가장 좋은 방법은 콘텐츠의 몰입도를 높이는 것이다. 해시태그나 썸네일, 제목도 중요하지만 결국 차별화된 양질의 콘텐츠를 만드는 게 가장 좋은 해법이다. 자신을 구독하는 구독자들의 니즈를 파악해 그들이 계속해서 구독을 유지하고 싶은 마음이 들도록 하는 게 핵심이다. 즉 몰입감 있는 콘텐츠로 '재방문율' 및 '방문 지속 시간'을 높이는 게 관건이다.

『사색이 자본이다』 등 30여 권이 넘는 책을 쓴 김종원 작가는 이런 말을 했다. "아무나 쓸 수 있는 글은 아무도 읽지 않는다. 나만 쓸 수 있는 글을 쓸 수 있을 때 독자는 읽는다." 그의 말이 글에만 한정되어 있지 않다고 생각한다. 동영상 콘텐츠 역시 마찬가지다. 아무나 만들 수 있는 동영상은 아무도 보지 않는다. 자신만 만들 수 있는 동영상과 특별한 메시지가 있어야만 사람들의 사랑을 받을 수 있고, 시청자들의 유입률을 높일 수 있다.

예를 들어 인테리어 업체를 운영 중이라고 가정해보자. 자신의 사업체를 홍보하기 위해 유튜브를 시작했는데, 경쟁업체에서도 천편일률적으로 올리는 단순 시공 과정 등을 담은 동영상으로는 시선을 끌 수 없다. 인테리어 견적에서 속칭 '바가지'를 당하지 않는 방법, 질 나쁜 인테리어 업체를 사전에 알아보는 방법, 인테리어 공사 현장에서 쓰이는 용어 해설 등 조금만 고민해보면 남들과 차별화된 콘텐츠는 수도 없이 많다. 이런 차별화된 주제로 콘텐츠를 만들어 승부한다면 유튜브 마케팅이 훨씬 수월해질 것이다.

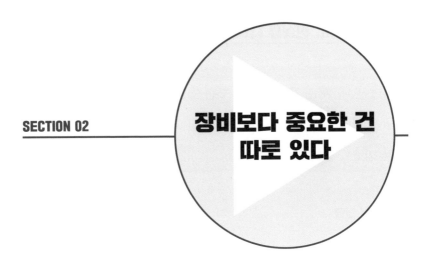

SECTION 02

장비보다 중요한 건 따로 있다

요즘 전 세계적으로 큰 인기를 끌고 있는 아이돌 방탄소년단의 이야기를 잠시 해보려 한다. 그들은 빌보드 뮤직 어워드의 탑 소셜 아티스트 부분에서 2년 연속 트로피를 차지하는 등 'BTS 신드롬'을 일으키고 있다. 뮤직비디오는 1억 뷰를 넘어섰고, '유튜브가 낳은 최고의 스타'라는 별명을 가지고 있다. 그들의 성공 이유는 한두 가지가 아니지만 가장 큰 비결은 한결같은 소통이 아닐까 싶다. 하다못해 최정상의 자리에 오른 스타조차 팬들과의 소통에 온 노력을 기울이는데, 소소하게 유튜브를 운영하는 우리가 구독자와의 소통을 게을리해서는 안된다. 화질 좋은 카메라, 음질 좋은 마이크, 번쩍이는 조명 등의 장비도 중요하지만 1순위는 구독자와의 적극적인 소통이다.

직접 소통하고, 진심을 다해 소통하라

그렇다면 내 채널 구독자들과 꾸준히 소통하려면 구체적으로 어떤 방법을 활용해야 할까? 크게 분류하면 유튜브 댓글, SNS, 오프라인 모임, 이벤트 등이 있다.

1. 유튜브 댓글

유튜브 댓글은 가장 일차적으로 활용할 수 있는 효과적인 방법이다. 너무 무례한 댓글이 아니라면 최대한 예의를 다해서 답변을 다는 게 좋다. 주의해야 할 점은 아무리 바쁘더라도 모든 댓글을 다 똑같은 형식으로 달지 말아야 한다는 것이다. '복사+붙여넣기' 느낌이 드는 획일화된 답글은 구독자에게 실망만 줄 뿐이다. 댓글을 달았다는 건 그만큼 관심이 크다는 뜻이고, 댓글을 달지 않고 지나가는 구독자보다 더더욱 충성고객이 될 확률이 높은 사람이란 뜻이다. 그러니 하나하나 다 읽어보기 바란다. 사업이 너무 바빠 시간적인 여유가 없는 것도 이해는 가지만, 하루에 댓글이 수백 개씩 달리는 게 아니라면 잠깐씩 짬을 내도 가능한 일이다.

2. SNS

사업의 종류에 따라 다르겠지만 나의 경우 카카오톡으로 제품에 대해 문의해오는 구독자들과 활발히 소통한다. 정말 어마어마하게 많은 상담들을 일일이 혼자 다 진행하다 보니 손목 인대가 늘어났던 적도 있다. 그러나 몸이 힘들고 고되어도 끝까지 책임감을 다해 응대했다. 그런 진심이 통했는지 계속 높은 재구매율을 유지할 수 있었다. 카카오톡뿐만 아니라 SNS 플랫폼은 다양하니 구독자들과 활발히 교류를 나누기 바란다.

유튜브가 공식적인 느낌이라면 인스타그램은 유튜버의 사적인 영역이 드러나는 곳이다. 유튜브를 넘어 인스타그램으로 구독자들과 꾸준히 소통하면 좋다. 물론 인스타그램이 아니더라도 블로그, 트위터, 페이스북, 카카오스토리, 틱톡 등 채널은 다양하다. 하지만 보편적으로 가장 많은 유튜버들이 소통의 창구로 사용하는 애플리케이션이 인스타그램이므로, 무엇을 골라 활용할지 모르겠다면 일단은 인스타그램으로 첫발을 내딛기 바란다. 잠재고객이자 충성고객이 될 수 있는 사람들을 집중적으로 관리하고, 계속 신뢰감과 유대감을 주기 위해 소통한다면 긍정적인 결과로 이어질 것이다.

3. 오프라인 모임

소소하게 구독자들과 직접 만나보는 것도 추천한다. 온라인뿐만 아니라 오프라인으로 만나면 정말 오랜 친구와 만난 것 같은 친밀감을 느낄 수 있다. 실제로 나도 미국에 여행을 온 구독자들과 만나 함께 추억을 만든 적이 있다. 당연히 오프라인 모임은 온라인상에서의 만남보다 훨씬 더 깊은 유대감이 형성된다.

4. 이벤트

'기브어웨이(giveaway)'라 불리는 구독자 이벤트 또한 좋은 소통 방법이다. 쉽게 말해 무료 나눔 이벤트를 뜻하는데, 나의 경우 '제발 가져가 주세요.' 시리즈를 통해 많은 호응을 얻었다. 누구나 평소에 사용하지 않는 물건이나 입지 않는 옷 등이 생기기 마련이다. 이벤트 형식으로 그러한 물건이나 옷을 소개하는 동영상을 만들어 올리기만 하면 된다. 주변 사람들에게 새것에 가까운 물건을 나눠본 경험은 있을 테니 어렵지 않게 진행할 수 있다. 나는 옷이나 신발, 가방 등을 활용했지만 구독자들의 관심사에 따라 상품이나 선물은 바뀔 수 있다. 예를 들어 본인이 요식업에 종사하고 있고 구독자들 역시 '맛있는 음식'에 대한 관심이 높다면 기프티콘이나 식당 할인권 등을 나눠주는 게 좋다.

[조득템 찬스] 제발 가져가주세요!!2탄(고가의 명품가방&옷 33가지 무료나눔 구독자 기브어웨이 이벤트)
조회수 6,036회　　　　　　　　　　　　　　　　　　　👍 158　👎 20　↱ 공유　⤵ 저장

'제발 가져가주세요.' 시리즈 동영상. 이벤트를 통해 구독자와 소통하는 것도 좋은 방법이다.

소소한 비용으로 이벤트를 하면 구독자와의 유대감도 커질 수 있다. 행여 비용이 드는 게 부담스럽다면 노력만으로도 가능한 손편지나 재능 기부 이벤트도 좋다. 그렇지만 자신의 비즈니스 모델이 뚜렷하다면 마케팅 비용을 아낄 필요는 없다. 평소 사용하는 마케팅 비용에서 일정 부분 할애해 구독자 이벤트에 투자하는 걸 추천한다.

구독자들과 친밀하게 지내는 것도 좋지만 구독자와 유튜버 양측 모두 어느 정도 선은 지킬 필요가 있다. 친해졌다고 선을 넘거나 무례하게 굴면 안 된다. 반드시 선을 지켜 예의 있게 행동해야 한다. 또한 너무 친한 소수의 구독자들만 챙겨주게 되면 상대적으로 다른 구독자들이 서운해할 수 있기 때문에 적당한 거리를 유지하는 게 좋다. 소수의 사교모임이 되지 않을 수 있도록 유튜버 본인이 선을 잘 지켜 다른 구독자들이 소외감을 느끼지 않도록 해야 한다. 선만 잘 지키면서 꾸준히 소통한다면 구독자들의 니즈도 충족되고 사업에도 큰 도움이 될 것이다.

화려하고 비싼 장비가 전부는 아니다

유튜브 마케팅을 시작하고자 하는 분들이 제일 먼저 하는 질문은 "유튜브 하려면 카메라랑 조명 장비가 좋아야 하는 거 아닌가요?", "장비에 돈을 더 투자해야 할까요? 장비가 형편없이 부족한 거 같아요." 등이다. 장비를 마련할 돈이 부담스러워 유튜브를 시작하기 주저하거나, 시작했어도 장비가 좋지 않아 성과가 나오지 않는다고 불평하는 경우가 많다. 제대로 된 장비가 없어 동영상을 잘 못 만드는 것 같고, 장비가 저렴해 구독자가 늘지 않는 것만 같은 것이다. 하지만 장비보다 더 중요한 게 있다. 굉장히 중요한데도 너무 쉽사리 간과하는 부분이기도 하다. 장비보다 더 중요한 것은 바로 콘텐츠의 질, 즉 내용의 퀄리티(quality)다.

여기서 '퀄리티'라는 건 높은 화질과 화려한 편집 기술을 뜻하는 게 아니다. 그런 부분을 무시하라는 건 아니지만 더 중요한 게 있다는 뜻이다. 그렇다면 무엇이 퀄리티를 결정지을까? 바로 동영상을 클릭했을 때 시청자가 얻어가는 바가 분명한 '메시지'의 유무다. 동영상을 클릭할 때 시청자들은 무엇을 기대하고 있을까? 대표적으로 그들에게 전달할 수 있는 메시지의 목적은 교육, 재미, 동기 부여, 정보 제공, 공감, 대리만족, 스트레스 해소, 궁금증 해소 등이 있다. 확실한 메시지가 없는 동영상은 아무리 편집이 화려하고 화질이 좋아도 좋은 반응을 얻을 수 없다.

물론 누군가는 화려한 편집 기술과 동영상을 구성하는 세련된 형식을 보기 위해 찾아오기도 할 것이다. 하지만 전문적으로 비디오 편집을 가르쳐주는 교육 채널이 아닌 경우에는 굳이 좋은 장비와 화려한 편집 기술이 필요하지 않다. 물론 장비와 기술이 뒷받침된다면 일

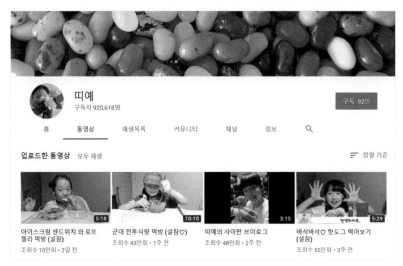

유튜버 띠예의 채널. 좋은 장비와 화려한 편집 기술 없이도 많은 사랑을 받고 있다.

정 부분 도움이 되겠지만 거기에 목맬 필요가 없다는 뜻이다. 유튜버 띠예의 경우 좋은 카메라도 음향 장비도 없지만 100만 명에 가까운 구독자를 모았다. 물론 흔치 않은 케이스지만, 유튜버의 메시지와 콘셉트가 분명하면 굳이 화질과 편집 기술이 충족되지 않아도 사랑받을 수 있다는 걸 보여준다. 따라서 구체적으로 자신이 무엇을 시청자에게 보여줄 수 있고, 그러한 메시지를 어떻게 더 정확하게 동영상으로 전달할 수 있을지 곰곰이 고민하고 분석해보기 바란다.

　나의 경우 다이어트에 대한 나만의 경험과 팁들을 담아 콘텐츠를 만들어 소개했었다. 다이어트를 하다 딜레마에 빠지기 쉬운 부분들을 짚어주며 솔루션을 제공했고, 내가 이전에 겪었던 문제 상황들도 가감 없이 털어놓았다. 어떤 방법으로 다이어트에 성공했는지 소개하며

유튜버 후랭이의 채널. '당신의 경제적 자유를 응원합니다.'라는 캐치프레이즈에 걸맞게 투자, 재테크와 관련된 메시지를 콘텐츠로 제공한다.

희망을 나누기 위해 노력했다. 나의 콘텐츠와 시청자들의 니즈가 톱니바퀴처럼 맞아떨어지자 자연스럽게 내가 운영하는 다이어트 온라인 숍에도 문의가 빗발치게 되었다.

　결론은 시청자들에게 자신의 메시지를 담은 유용한 무언가를 제공해야 한다는 것이다. 궁금증을 해소해주든, 교육적으로 유용하든, 재미를 제공하든 자신의 색깔에 맞게 콘텐츠를 제작해야 한다. 예를 들어 '후랭이TV' 채널은 '당신의 경제적 자유를 응원합니다.'라는 캐치프레이즈에 걸맞게 투자, 재테크와 관련된 메시지를 콘텐츠로 제공한다. 나아가고자 하는 방향과 목표가 뚜렷하니 시청자로 하여금 동영상을 누르기도 전에 어떤 메시지가 담겨 있을지 예상할 수 있다.

다만 여기서 주의해야 될 점은 막상 메시지를 담아도 시청자들이 그것을 전혀 느끼지 못하는 상황이 있을 수 있다는 것이다. 그래서 처음 유튜브 채널을 운영할 때는 이것저것 한 동영상에 다 담아 전달하고자 하는 욕심을 내려놓는 것이 중요하다. 여러 메시지를 한꺼번에 전달하려면 치밀한 대본과 뛰어난 편집 기술이 뒷받침되어야 한다. 제대로 감을 익히기 전까지는 한두 가지 메시지에 집중하는 게 좋다. 선택과 집중으로 한두 가지 메시지라도 명확히 전달한다면 소기의 목적은 달성한 것이다.

한두 가지 메시지라도 시청자가 스스로 얻어가는 게 있다고 느끼면 재방문율이 높아지게 되고, 그렇게 여러 번 찾아오다 보면 어느새 구독자가 되고, 더 나아가 잠재고객이 된다. 우연히 클릭해서 보게 된 동영상에서 메시지가 분명하게 느껴지면 다른 동영상들까지 연달아 보게 될 것이다. 그런데 만일 다른 콘텐츠가 중구난방이고 채널의 색깔이 명확하지 않다면 구독으로 이어질 확률은 낮아진다. 예를 들어 자동차 부품에 대한 니즈로 유입된 시청자가 먹방 관련 콘텐츠에 대한 관심을 보일 확률이 얼마나 될까? 만일 자동차 부품과 관련된 채널을 운영하고 있다면 뜬금없이 먹방, 맛집 리뷰 등 다른 콘텐츠를 올리는 건 자제하는 게 좋다. 일단은 일관되게 자동차 부품에 대한 이야기만 해야 한다. 다른 콘텐츠는 채널이 자리를 잡은 뒤에 시도해도 늦지 않다.

끊임없이 구독자들에게 무엇을 줄 수 있을지 고민하는 습관을 가져야 하며, 고민에서만 끝나는 게 아니라 실제로 꼭 보여줘야 한다. 일방적으로 시청자들에게 조회수와 구독자 수만 얻어가려 해서는 안 된다. 시청자들은 바보가 아니다. 그들에게 무언가를 받기 위해서만 동영상을 만든다면 금방 들통나기 마련이다. 그리고 그런 마음가짐으로는 동영상 제작을 꾸준히 오래 지속하지 못한다. 왜냐하면 얻고자 하는 걸 바로 얻지 못하면 실망하고 포기하게 될 것이기 때문이다. 그렇기에 화려한 장비보다는 자신의 마음가짐이 더 중요하다.

장비를 고민하기 전에 동영상을 보는 시청자들에게 내가 무엇을 줄 수 있을지, 채널을 구독해준 고마운 구독자들에게 어떤 콘텐츠를 제공할 수 있을지 먼저 고민해야 한다. 또한 캐릭터를 잘 구축하면 좋지 않은 장비로도 충분히 빛날 수 있다. 유튜버의 매력과 개성을 잘 드러낼 수 있는 채널이 되어야 꾸준히 사랑받을 수 있다.

SECTION 03

역지사지만 잘해도
좋은 콘텐츠를
만들 수 있다

아직까지도 유튜브 마케팅이 너무 막막하고 어렵게 느껴지는 사람이 많을 것이다. 나 역시 막상 시작하기 전에는 유튜브로 마케팅이 가능하다는 생각을 하지 못했다. 그저 취미처럼 즐기며 유튜브를 했던 시기에는 마케팅을 너무 어렵게만 생각했었다. 하지만 조금만 달리 생각하면 누구나 할 수 있는 게 유튜브 마케팅이다.

결론부터 미리 이야기하자면 가장 중요한 건 역지사지(易地思之)의 자세를 견지하는 것이다. 역지사지란 서로의 처지를 바꾸어서 생각한다는 뜻의 사자성어다. 즉 동영상을 만들고 제공하는 내 입장에서만 콘텐츠를 구상할 것이 아니라, 오히려 반대로 구독자들의 시각에서 다가갈 필요가 있다는 뜻이다.

구독자의, 구독자에 의한, 구독자를 위한 콘텐츠

자신이 구독자일 때 어떤 생각과 심리로 동영상을 찾아보고 유튜버들을 구독했는지 떠올려보자. 다른 채널에 비해 어떤 부분이 구체적으로 마음에 들어 구독을 하게 되었고, 또 어떤 부분이 마음에 안 들어 구독을 하지 않았는지 되새겨보는 것이다. 잘된 사례와 잘못된 사례를 떠올려 현재 운영 중인 자신의 채널에 대입해보면 무엇이 문제인지 명확히 드러난다.

더 나아가 자신의 채널을 구독하고 있고 앞으로 구독할 사람들의 공통된 니즈가 어떤 것이며, 그 니즈를 채워주고 만족시켜줄 콘텐츠는 무엇인지 생각해보면 해답이 보인다. 물론 단기간에 체득할 수 있는 게 아니라 끊임없이 연구하고 공부해야 한다. 그래야 시청자를 구독자로, 구독자에서 잠재고객으로, 잠재고객에서 충성고객으로 유도할 수 있다. 이는 나 역시도 매일매일 고민하고 있는 부분이기 때문에 정확한 정답이나 지름길이 없다. 아마 채널을 운영하는 한 계속해서 생각하고 고민해야 할 것이다. 구독자들의 피드백을 바탕으로 앞으로 나아갈 방향을 분석하는 일은 유튜브를 관둘 때까지 멈추지 말아야 할 과업이다.

만일 구독자들의 니즈를 정확히 모르겠다면 가장 좋은 방법은 그들에게 물어보는 것이다. 그래서 앞서 소통을 강조했었는데, 평소 구독자들과 활발히 소통을 해왔다면 굳이 묻지 않아도 그들이 원하는

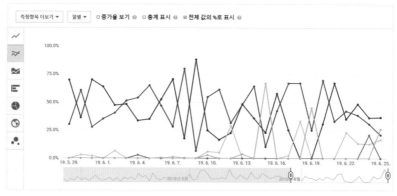

본인 유튜브 채널의 '크리에이터 스튜디오' 화면에서 '분석', '트래픽 소스'를 누르면 트래픽 소스 화면이 나온다.

바를 자연스레 알게 된다. 동영상마다 사후 분석을 통해 어떤 점들을 개선하면 좋을지, 그리고 무엇을 잘했고 못했는지, 앞으로 어떻게 바뀌어야 하는지 등을 꼼꼼히 분석해봐야 한다. 귀찮다고 이 과정을 생략하면 발전 없이 제자리걸음만 하게 된다.

유튜브에 유입된 시청자들이 어떤 니즈를 갖고 있는지 엿볼 수 있는 방법이 있다. 본인 유튜브 채널의 '크리에이터 스튜디오' 화면에 들어가서 '분석', '트래픽 소스'를 누르면 트래픽 소스 화면이 나오는데, 여기서 어떤 키워드와 방식으로 사람들이 유입되어 오는지 알 수 있다. 이를 참고해 콘텐츠를 만들면 보다 효과적으로 시청자들의 니즈를 충족시킬 수 있다.

또한 시청자들의 연령, 성별, 구독 상태 등을 확인할 수 있기 때문에 어떤 사람들이 주로 자신의 채널에 들어오는지 실시간으로 파악할 수 있다. 만일 연령대가 높다면 좀 더 진중하고 무겁게 콘텐츠를 소개

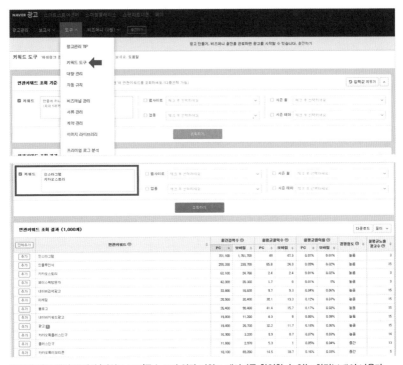

네이버 광고 화면(위)에서 '키워드 도구'를 누르면 연관 키워드 데이터를 확인할 수 있는 화면(아래)이 나온다.

할 수 있고, 여성이 주를 이룬다면 아기자기한 디자인으로 동영상을 편집할 수도 있다.

성공적인 유튜브 마케팅을 위해서는 자신이 만든 콘텐츠가 시청자들에게 외면받지 말아야 한다. 1차적으로 유튜브를 통해 자신이 만든 콘텐츠가 소비되어야만 제품 홍보든 서비스 소개든 이야기를 꺼낼 수 있기 때문이다. 네이버 광고 홈페이지(searchad.naver.com) 화면에서 '키워드 도구'를 누르면 연관 키워드 데이터를 확인할 수 있다. 여기에 자신이 콘텐츠로 삼으려는 주제의 핵심 키워드를 입력하면 사람들의 관심 정도를 알 수 있는데, 예를 들어 '인스타그램'과 '카카오스토리' 중 하나의 SNS를 소개하는 콘텐츠를 구상 중이라고 가정해보자. 키워드 도구에 2가지 키워드를 입력했더니 월간 검색량과 클릭률에서 인스타그램 쪽이 카카오스토리보다 압도적으로 많이 나왔다. 그렇다면 자연스레 카카오스토리보다는 인스타그램을 주제로 삼는 게 타당하다는 결론이 도출된다.

결국 시청자가 소비할 만한 가치가 있는 주제를 찾는 것이 핵심이다. 앞에서 설명한 방법대로 크리에이터 스튜디오의 기능을 활용해 자신의 채널을 시청하는 사람들의 니즈를 유추하고, 유추한 키워드를 바탕으로 네이버 광고의 키워드 도구로 분석하면 어떤 키워드가 주제로 삼기 좋은지 파악할 수 있다. 사람들이 관심을 가질 만한 양질의 콘텐츠를 지속적으로 만들어낸다면 유튜브 마케팅의 성과도 높아질 것이다.

사람들의 니즈를 분석할 수 있는 더 간단한 방법이 있다. 바로 연관 검색어를 체크하는 것이다. 예를 들어 자신이 반려동물 산업에 종사하고 있다면 '강아지'를 네이버에 검색해 어떤 연관검색어가 함께 나오는지 확인해보면 된다. '강아지 유선종양', '강아지 아토피', '애견 미세먼지 마스크' 등의 키워드가 눈에 띈다. 이를 통해 견주들이 반려견의 건강 관리와 관련된 니즈가 있다는 걸 확인할 수 있다.

유튜브 채널을 만들기 전에는 아이디어가 끊임없이 솟아나고 쉼 없이 콘텐츠를 찍어낼 수 있을 것 같았는데, 막상 채널을 오픈하면 상황

네이버에서 '강아지'를 검색했을 때 나온 연관검색어들

이 달라진다. 자신이 시청자로 있었을 때의 시절을 자꾸 까먹게 되고 샘솟던 아이디어도 금세 메말라버린다. 그렇기 때문에 아직 유튜브를 시작하지 않았지만 언젠가는 하고 싶다는 생각을 갖고 있다면 따로 아이디어노트를 만드는 게 좋다. 만들어보고 싶은 동영상이나 주제, 키워드 등을 구체적으로 기록해놓는 습관을 기르면 훗날 좀 더 수월하게 유튜브를 운영할 수 있다. 다시 강조하지만 결국 유튜버는 자신이 하고 싶은 이야기가 아니라 시청자가 듣고 싶은 이야기를 해야 한다. 자신의 이야기를 콘텐츠에서 아예 배제하라는 뜻이 아니다. 출발점을 시청자의 니즈에 맞추라는 뜻이다. 결국 콘텐츠를 소비하는 건 시청자이기 때문이다.

끝으로 '나라면 내가 만든 이 동영상을 남들에게 공유할까?', '주변 사람들한테 이 동영상을 추천하고 싶을까?'라고 객관적인 관점에서 판단해보자. 내가 만든 동영상이 아니라고 가정한 뒤, 해당 동영상을 남들에게 공유할지 안 할지를 생각해보면 개선점이 더 명확하게 드러

따라하면 매출이 따라오는 유튜브 마케팅

난다. 나의 경우 다이어트로 고민하는 주변 지인들에게 내가 올린 동영상을 적극적으로 공유했다. 그만큼 자신 있었다. 혹시라도 내 동영상을 주변 지인들에게 소개하는 게 부끄럽고 망설여진다면 다시 원점으로 돌아가 냉정하게 개선점을 체크해보기 바란다.

'공감'이 곧 차별화다. 나와 공감대가 맞는 타깃의 니즈에 부합하는 동영상을 제작하자. 스스로가 시청자로서 동영상을 소비하던 시절을 잊지 말고, 항상 초심을 유지한 채 콘텐츠를 만든다면 반드시 성공할 수 있다.

진심을 다해야 공감과 매출로 이어진다

"가짜는 예쁘게 포장해도 '예쁜 가짜'에 지나지 않다." 스페인을 대표하는 작가 발타사르 그라시안(Baltasar Gracián)의 말이다. 마케팅에 있어 분명 능수능란한 '마케팅 기술'은 중요하다. 그러나 나는 기술이 절대적인 게 아니라 '진심'이 먼저라고 생각한다. 진심, 즉 진정성이 빠져 있는 마케팅은 가짜에 불과하다. 그렇기에 유튜브 마케팅을 염두에 두고 있다면 가짜가 아닌 진짜 마케팅을 해야 한다. 유튜브 채널을 운영하는 이유는 궁극적으로 성공적인 마케팅을 위해서다. 하지만 원하는 결과가 그렇다고 해서 과정까지 철저하게 제품과 서비스만을 홍보하는 마인드로 접근해서는 안 된다. 마케팅 과정에서 구독자와 시청자들을 향한 진심과 진정성이 빠져 있다면 그것은 '가짜 마케팅'이다. 설사 가짜 마케팅으로 당장 큰 성과를 거둔다고 해도, 진심을 다하지 않으면 그 성공은 오래가지 못할 것이다.

'진심이라는 추상적인 단어를 왜 그렇게 강조하는 거지?'라고 생각할 수 있다. 진심을 강조하는 이유는 유튜브가 단순히 동영상을 보는 기능만 가진 플랫폼이 아니기 때문이다. 유튜브는 사람과 사람을 이어주는 플랫폼이다. 나이, 성별, 국경, 인종, 직업 등 모든 벽이 다 허물어져 전 세계 사람들과 연결되어 있다. 인간 대 인간으로 공감하고 함께 희로애락을 나누는 공간인 것이다. 그렇기 때문에 영상을 만드는 동기가 중요하다. 비슷비슷한 콘셉트의 동영상임에도 불구하고 조회수와 댓글의 반응이 완전히 상반되는 경우를 종종 볼 수 있다. 심지어 편집 기술까지 비슷한데 말이다. 나는 이것이 동영상을 찍고 기획하는 사람의 진심과 진정성의 차이 때문이라고 확신한다.

단순히 이걸 찍었더니 조회수가 높았다고 해서, 반응이 좋았다고 해서 따라해본다는 마음으로 시작하면 절대 공감을 이끌어낼 수 없다. 해당 동영상이 시청자와 구독자들에게 도움을 줄 수 있는지, 또 어떤 메시지를 줄 수 있는지에 대해 먼저 고민하는 게 중요하다. 단순히 남을 따라하기만 해서는 좋은 성과를 얻을 수 없다. 유튜버의 다른 이름이 크리에이터(creator)인 이유가 여기에 있다.

나 역시 진심을 담아 단 한 사람이라도 긍정적인 변화가 일어나기 바라는 마음에서 다이어트 관련 콘텐츠를 업로드했었다. 앞서도 이야기했지만 당시 유튜브는 취미 생활의 일환이었고, 유튜브를 통해 홍보가 되어 문의가 빗발치게 될 것이라곤 생각도 못했었다. '이 동영상 하나로 대박이 나서 돈을 많이 벌어야지.' 하는 생각이 있었다면 좀 더 철저하게 편집하고 대본도 준비했을 것이다. 하지만 오히려 철저하지 않았기 때문에 보는 이로 하여금 진정성을 느끼게 했던 것 같다. 시청자들로부터 '말이 너무 느리다.', '음악 소리가 너무 크다.' 등의 이야기를 들을 만큼 부족함이 많은 동영상이었지만, 반대로 어설펐기 때문에 '아, 정말 진심을 담아 이야기하고 있구나.'라는 공감을 이끌어 낼 수 있었다. 이후 뜻하지 않게 다이어트 코칭을 받고 싶다는 연락을 많이 받게 되었다.

이때의 경험으로 인해 나는 지금도 유튜브 콘텐츠를 기획할 때 마음가짐을 점검하는 습관을 가지고 있다. 진정 사심은 없는지, 정말 마음에서 우러나온 이야기인지 자문한 뒤 그렇지 않다면 과감하게 접었다. 그리고 진정성 있는 콘텐츠라고 생각된다면 망설이지 않고 촬영했다.

마찬가지로 지금 이 책을 쓰는 이유도 누구나 유튜브로 성공할 수 있다는 희망을 전파하고 싶어서다. 물론 책을 읽는 사람이 100명이면 100명 전부 다 유튜브로 큰 성과를 얻을 수 있다고 확언하지는 못한다. 하지만 내가 겪은 시행착오와 시련을 다른 사람들이 겪지 않기를 바라는 마음에 이 책을 집필하게 되었다. 10명 중 1명이든, 100명 중 1명이든 이 책을 통해 도움을 받아 성공한 유튜버가 된다면 그걸로

족하다.

사람을 변화시키고, 마음을 움직이고, 구매 행동을 유도하는 일은 결코 쉽지 않다. 우리는 매일 수많은 전광판과 광고물을 접하지만, 그것들 때문에 소비 행위를 하는 건 손에 꼽을 정도다. 그만큼 마케팅이 어렵다. 만일 현란한 말솜씨와 능수능란한 편집 기술이 없다면 최소한 진심과 진정성만큼은 갖추기 바란다. 진심이라는 게 정말 막연하게 느껴질 수 있다. 진심은 눈에 보이는 게 아니라 마음으로 잔잔하게, 때로는 강하게 전해지는 것이기 때문이다.

진심을 나타내는 방법 중 하나는 본인의 약점을 공개하는 것이다. 본인의 단점을 숨기고 보완하려 애쓰기보다 반대로 당당하게 오픈하는 것도 좋은 방법이 될 수 있다. 그러한 아픔과 단점을 가진 사람들로부터 공감과 지지를 얻을 수 있기 때문이다. 하지만 여기서 주의해야 되는 건 본인의 단점을 드러내는 일이 양날의 검이 될 수 있다는 점이다. 약점은 말 그대로 약점이다. 세상에는 정말 다양한 사람들이 있기 때문에 아픔을 보듬어주는 착한 이들만 있는 게 아니다. 공개한 약점을 물고 늘어지며 되레 큰 상처를 주는 악플러들도 존재한다. 자신의 환부를 드러내야 하는 일이기 때문에 상처가 단단히 아물고, 마음이 건강한 상태에서만 가능한 일이다.

나는 고등학교 시절 왕따를 당해 식이장애가 생겼었다. 폭식증으로 학교를 자퇴해야 했고, 그 과정에서 마음에 큰 상처를 입었다. 한때 그런 내 자신이 너무 부끄럽기도 했다. 지금은 아픔을 극복했고,

따라하면 매출이 따라오는 유튜브 마케팅

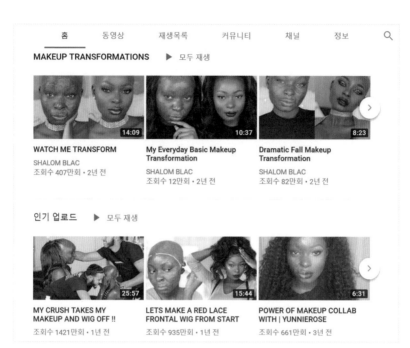

MAKEUP TRANSFORMATIONS ▶ 모두 재생

WATCH ME TRANSFORM
SHALOM BLAC
조회수 407만회 • 2년 전

My Everyday Basic Makeup
Transformation
SHALOM BLAC
조회수 12만회 • 2년 전

Dramatic Fall Makeup
Transformation
SHALOM BLAC
조회수 82만회 • 2년 전

인기 업로드 ▶ 모두 재생

MY CRUSH TAKES MY
MAKEUP AND WIG OFF !!
조회수 1421만회 • 1년 전

LETS MAKE A RED LACE
FRONTAL WIG FROM START
조회수 935만회 • 1년 전

POWER OF MAKEUP COLLAB
WITH | YUNNIEROSE
조회수 661만회 • 3년 전

유튜브 채널 'Shalom Blac'는 화상 환자들을 위한 콘텐츠로 마음에 큰 울림을 준다.

그런 따돌림을 겪는 사람들에게 큰 힘이 되어주고 싶다는 생각에 서
슴지 않고 나의 과거를 털어놓고 있다. 비슷한 상처를 가진 사람들끼
리 함께 울고 웃으며 마음을 치유해나갈 수 있다고 믿기 때문이다.

개인적으로 가장 인상 깊었던 유튜브 채널로는 'Shalom Blac'가 있
다. 그녀는 어렸을 때 얼굴과 몸에 화상을 깊게 입어서 머리카락도 나
지 않고, 얼굴에는 아직까지 화상 흉터가 크게 남아 있다. 하지만 당
당하게 화면에 나와 자신의 이야기를 털어놓고 화상 환자들을 위한
콘텐츠를 기획해 제공했다. 같은 아픔이 있는 사람들을 위해 화상 흉
터를 커버할 수 있는 메이크업 팁을 공유하며, 가발을 벗은 자신의 민

머리까지 공개한다. 비슷한 경험과 아픔으로 고민하고 움츠러든 사람들에게 용기를 주었고, 그러한 그녀의 용기에 수많은 팬들은 박수를 치며 응원했다.

무엇보다 중요한 건 단순히 공감을 이끌어내고 아픔을 공유하는 데서 그치지 말고 더 발전하는 모습을 보여줘야 한다는 점이다. 진심을 다해 구독자들에게 양질의 정보를 주기 위해 공부하는 모습, 때로는 몸을 아끼지 않고 열심히 발로 뛰는 모습을 보여줘야 한다. 처음에는 누구나 어설픈 아마추어 느낌을 풍길 수밖에 없다. 시간이 지날수록 성장하는 모습을 보여주는 게 중요하다. 우리가 발전하고 성장하는 모습을 보이면 구독자들 역시 더 큰 응원을 보내줄 것이다. 또한 성장하는 모습을 보임으로써 시청자들에게 좋은 영향을 미칠 수 있다.

따라하면 매출이 따라오는 유튜브 마케팅

SECTION 04

콘텐츠의 3요소와 심벌 콘텐츠

유튜브 마케팅에서 콘텐츠가 중요하다고 강조하는 이유는 경쟁자들보다 앞서가기 위해 재방문율과 구독자 수를 높여야 하기 때문이다. 그렇다면 도대체 콘텐츠란 게 무엇이길래 이토록 중요하다고 재차 강조하는 걸까? 콘텐츠의 사전적 의미는 내용물, 목차 등이지만 단순히 이런 뜻만 있는 것이 아니라 텍스트 정보, 동영상, 음악 등 멀티미디어 서비스를 형성하는 지적 재산권을 아우르는 개념이다.

유튜브 채널을 운영할 때 가장 중요한 것은 바로 어떤 콘셉트를 바탕으로 콘텐츠를 만들어 제공하는지 결정하는 것이다. 신중하게 결정해 '메인 콘텐츠', '서브 콘텐츠', '히로 콘텐츠' 3가지로 나누어 비중을 정하고, 전략을 짜야 한다.

콘텐츠의 3요소

콘텐츠의 3요소는 메인 콘텐츠, 서브 콘텐츠, 히로 콘텐츠다. 차례대로 설명하면, 먼저 메인 콘텐츠는 말 그대로 자신의 주된 메시지를 전달하는 주요 콘텐츠를 뜻하며, '심벌 콘텐츠'라 부르기도 한다. 본인의 사업이나 강점과 연계해 주제가 잘 드러날 수 있어야 하며, 장기적인 호흡으로 접근할 수 있는 주제여야 한다. 예를 들어 나의 메인 콘텐츠는 다이어트 노하우였다. 그래서 '다이어트 바이블'이라는 시리즈를 통해 지금도 꾸준히 콘텐츠를 만들고 있다. 콘텐츠 3요소의 이상적인 비중은 따로 정해진 게 없지만, 3가지 콘텐츠 중 메인 콘텐츠의 비중이 가장 높아야 한다.

서브 콘텐츠는 트렌드에 부합하는 콘텐츠를 뜻한다. 요즘 유행하고 있는 트렌드를 분석해 검색량이 많은 주제로 동영상을 만드는 것이다. 여기서 중요한 건 무작정 유행만 좇아서는 안 된다는 점이다. 대중적인 트렌드를 무작정 따라하지 말고 자신만의 색깔을 녹여낼 수 있는 주제만 선별해 활용해야 한다. 내 채널의 구독자들은 해외 라이프스타일에 관심이 많은 젊은 여성이 주를 이루고 있다. 그래서 서브 콘텐츠 역시 이에 부합하는 주제로 만들고 있는데, 미국 일상 브이로그나 여성들의 라이프스타일과 관련한 조언을 꾸준히 서브 콘텐츠로 활용해 다양하게 선보이고 있다.

히로 콘텐츠는 기존의 메인 콘텐츠, 서브 콘텐츠에서 시도하지 않았던 신선하고 혁신적인 콘텐츠를 뜻한다. 이전까지는 활용하지 않았던 새로운 동영상 제작 방식을 활용하거나 다방면의 신선한 소재를 주제로 삼는 것이다. 한마디로 새로운 시청자를 확보하기 위한 기획 콘텐츠라 생각하면 된다. 이런 콘텐츠의 경우 대부분 시간과 비용이 많이 들고 너무 남발하면 피로도가 커질 수 있어 메인 콘텐츠와 서브 콘텐츠보다는 적은 비율로 제작하는 게 좋다. 반응이 좋았다고 해서 너무 욕심을 부려 히로 콘텐츠에 매달리면 메인 콘텐츠와 서브 콘텐츠를 놓쳐 기존 구독자의 반감을 살 수 있다. 나의 경우 대표적으로 '강사랑 성형일기' 시리즈가 히로 콘텐츠에 해당된다. 사전작업과 제작에 무려 6개월이 소요되었다. 유튜브에서 새롭게 떠오르고 있는 메디컬 뷰티 시장을 겨냥한 것이었기 때문에 곧바로 조회수가 20만 뷰를 돌파했을 정도로 큰 관심을 받았다.

이렇게 3요소를 구분해 콘텐츠를 기획하면 좀 더 나아갈 방향이 명료해진다. 현재 나는 향후 3년 동안 만들 수 있을 만한 콘텐츠 계획과 소재를 가지고 있다. 아이디어와 소재들이 생각날 때마다 틈틈이 정리하고 분석한 결과다. 장기간 성공적으로 유튜브를 운영하고 싶다면 언제 어디서든 소재가 떠올랐을 때 틈틈이 메모하는 습관을 기르도록 하자.

독창적인 콘텐츠는 어떻게 만들어질까?

콘텐츠를 만들 때 반드시 명심해야 하는 부분은 확산 및 재생산을 염두에 둬야 한다는 점이다. 유튜버는 거대한 자본과 인력을 가진 대형 방송사가 아니므로 콘텐츠를 만들 때 큰 예산을 들이지 못한다. 따라서 시청자로 하여금 그들이 직접 확산 및 재생산에 앞장설 수 있게 유도하는 것이 중요하다. 그러기 위해서는 자신만의 독창적인 콘텐츠를 만들어야 하는데, 독창적이고 혁신적인 콘텐츠를 만들 때 잊지 말아야 할 팁은 다음의 4가지다.

1. 모방은 창조의 어머니다

독창적인 콘텐츠가 필요하다고 해서 굳이 기존에 잘되는 주제를 외면할 필요는 없다. 해당 주제로 사랑받는 크리에이터들 간에 어떤 차이점이 있는지 분석하고, 어떻게 하면 그들보다 한 발짝 더 앞서갈 수 있을지 고민해보면 된다. 그대로 모방하면 역효과를 낳을 수 있지만 개선하고 보충해 선보이면 더 큰 사랑을 받을 수도 있다.

2. 나를 뽐내려고 해서는 안 된다

동기가 선해야 선한 영향력을 끼칠 수 있는 좋은 동영상을 만들 수 있으며, 일련의 모든 과정까지 즐길 수 있다. 단순히 '나 잘났어요!'라는 말을 하기 위해 만드는 콘텐츠는 유명인사나 해당 분야에서 저명한 위치에 오른 다음에 시도해도 늦지 않다. 겸손한 자세로 꾸준히 양질의 콘텐츠를 만들면 굳이 뽐내지 않아도 남들이 먼저 알아봐줄 것이다.

3. 시청자가 보고 싶은 콘텐츠를 만들어야 한다

동영상을 소비하는 건 유튜버 자신이 아닌 시청자들이기 때문에 그들의 니즈에 부합되는 주제를 선정해야 한다. 그래야 확산 및 재생산도 활발히 이뤄진다.

4. 모든 걸 혼자서 다 할 수는 없다

마지막으로 혼자서 모든 걸 다 할 수 없다는 걸 인정할 필요가 있다. 대부분의 유튜버들은 본업이 따로 있다. 그런데 동영상을 기획하고 만드는 건 시간도 품도 많이 소요된다. 개인 채널일지라도 무조건 혼자 다 하려고 할 필요는 없다고 생각한다. 오히려 동영상 콘텐츠는 여러 사람과 힘을 합치고 머리를 맞댈 때 더 좋은 결과를 얻을 수 있다. SNS 채널들과 연계해 콜라보 동영상을 기획하거나, 다른 전문가의 힘을 빌리는 등 서로 협력해 더 큰 시너지를 만들어보자.

독창적인 콘텐츠를 만드는 방법 4가지 중 마지막 '모든 걸 혼자서 다 할 수는 없다.'는 사실 노력만으로는 안 되는 부분이다. 가장 좋은 방법은 다른 유튜버들과 친하게 지내는 것인데, 크리에이터들이 모인 MCN(다중 채널 네트워크) 회사에 소속되어 있다면 파티나 친목 모임 등을 통해 친분을 쌓아나갈 수 있다. 하지만 모두가 MCN에 소속되어 활동할 수 있는 것은 아니기 때문에 다른 방법을 강구해야 한다.

비슷한 관심사와 콘셉트를 가진 유튜버라고 해서 모두가 경쟁 관계인 것은 아니다. 오히려 비슷하기 때문에 친하게 지내면 더 좋을 수 있다. 유튜버들의 채널을 꾸준히 방문해 구독도 달고, 댓글도 달고, '좋아요'도 누르면서 친해지는 과정이 필요하다. 하루 최소 10개 이상의 채널에 방문해 댓글을 달고 소통하는 습관을 가지는 걸 추천한다. 그렇지만 너무 짧은 시간에 여러 채널을 돌아다니면서 똑같은 댓글을 달고 다니는 건 절대 금물이다. 유튜브 자체 검열에서 스팸 계정으로 분류될 수 있어 유의해야 한다.

특히 자신의 채널 링크를 다는 직접적인 홍보 댓글은 정말 안 하는 것만 못한 최악의 홍보 방법이다. 인기 많은 채널에 가서 그런 식의 홍보 댓글을 달면 오히려 반감만 살 수 있다. 군이 자신의 홍보를 하지 않아도 할 이야기는 많다. 그냥 그 동영상에 대한 이야기를 할 수도 있고 안부를 물을 수도 있다.

꼭 유튜버가 아니어도 도움을 받을 만한 가족이나 친구가 있다면 동원해서 도움을 받기 바란다. 업체라면 업체끼리 뭉쳐서 협업하

는 방법도 있다. 유튜브는 경쟁
보다 상생이 중요한 플랫폼이
기 때문에 채널의 성장을 위해
반드시 고려해보기 바란다. 만
일 낯가림이 심하고 아직 특별
히 친한 유튜버가 없다면 현재
내가 운영 중인 '유마스쿨(유튜

카카오톡 플러스친구 '유튜브마케팅스쿨'을 추가하
면 다양한 유튜버들과 교류할 수 있다.

브 마케팅 스쿨)'에 방문해보기 바란다. 카카오톡 플러스친구 '유튜브마
케팅스쿨'을 추가하면 비슷한 관심사를 가진 사람들과 쉽게 소통하고
교류를 나눌 수 있을 것이다.

심벌 콘텐츠를 기획하라

콘텐츠의 3요소 중 메인 콘텐츠의 비중이 높아야 하는 이유는 채널
을 주먹구구식으로 운영하지 않기 위해서다. 메인 콘텐츠 안에서도
본인을 잘 나타낼 수 있고, 해당 콘텐츠를 통해 본인이 연계하고자 하
는 사업 혹은 앞으로 준비하고 있는 사업과 잘 이어지는 콘텐츠를 '심
벌 콘텐츠'라고 한다. 심벌 콘텐츠란 말 그대로 심벌(symbol), 즉 해당
채널을 생각하면 자연히 떠올릴 수 있는 '상징'이 되는 콘텐츠 시리즈
를 뜻한다.

나 역시 처음에는 남들도 다 찍는 뷰티 동영상 위주로 채널을 운영했었다. 데일리 메이크업, 화장품 리뷰 등 뚜렷한 특색이 없었다. 그렇기 때문에 이도저도 아닌 수많은 평범한 채널 중 하나였고, 재방문율과 구독자 전환율이 높지 않았다. 하지만 나만이 다룰 수 있는 독특한 경험이 들어간 콘텐츠를 심벌 콘텐츠 삼아 꾸준히 업로드하자 폭발적인 반응을 얻게 되었다. 다이어트 바이블 시리즈는 현재까지 약 50여 편이 업로드되었으며, 두터운 마니아층을 형성하고 있다. 그렇다면 심벌 콘텐츠는 어떻게 기획하고 만들 수 있을까? 다음의 4가지 팁을 참고하자.

1. 본인의 장점과 커리어를 활용한다

본인의 장점과 커리어를 바탕으로 콘텐츠를 만들면 효과적이다. 현재 혹은 앞으로 진행하고자 하는 자신의 사업과 이러한 부분을 어떻게 연결시킬지 고민해야 하며, 해당 콘텐츠를 통해 본인만의 개성을 확실히 드러내야 한다. 소재 고갈 없이 꾸준히 이어가야 신뢰를 얻을 수 있다.

2. 무의미한 콘텐츠는 자제한다

심벌 콘텐츠는 메시지가 분명해야 한다. 콘텐츠 자체에만 집중해 본래의 목표, 즉 마케팅에 소홀해지면 안 된다. 또한 구독자들로부터 피드백을 받아 그들이 해당 콘텐츠를 어떻게 생각하는지 잘 파악하고, 그들의 니즈와 맞지 않는다면 다시 처음부터 심도 깊게 고민해봐야 한다. 최악의 경우 아예 주제 자체를 바꿔야 될 수도 있다.

3. 유행에 휩쓸리지 않는다

자신의 콘텐츠와 전혀 어울리지 않는데 유행처럼 번지는 트렌드에 지나치게 휘둘리면 안 된다. 물론 트렌드도 중요하기 때문에 콘텐츠의 3요소 중 마지막 히로 콘텐츠를 통해 트렌드를 따르는 것이다. 하지만 심벌 콘텐츠는 거시적인 시각에서 장기간 이어나가야 하는 콘텐츠다. 자칫 트렌드만 좇으면 개성이 없어질 수 있다. 또 유행이 지나버린 뒤에 뒤늦게 동영상을 올리는 불상사가 생길 수 있다. 아예 새로운 유행을 창조해낼 수 있는 독창적인 아이디어가 있어야지만 그나마 승산이 있다. 그렇지 않다면 남들이 다 만드는 아류 콘텐츠에 불과해진다. 심벌 콘텐츠를 통해 고정 팬이 늘어나게 되면 구독자 이탈이 적어져 굳이 유행에 목매지 않아도 꾸준히 채널을 키울 수 있다.

4. 통일감 있는 제목과 썸네일, 시리즈명을 만든다

시리즈 동영상의 경우에는 제목과 썸네일에 통일감이 있어야 한다. 해당 동영상이 단발성이 아닌 계속해서 이어질 콘텐츠라는 걸 시청자들로 하여금 무의식중에 심어주는 게 중요하다. 그래서 시리즈 동영상은 제목과 썸네일이 통일감 있게 구성되어야 한다. 또한 시리즈명이 있으면 사람들에게 더 각인시키기 쉽다. 개인적으로 좋아하는 유튜버

1		이런 학교 본적 있어요..? 대학 안에 호텔, 승마,요트,레스토랑 다 있다... 타대학 탐 KIMDAX킴닥스
2		클렌징 루틴♡여름철 꼼꼼 세안법과 오렌지 메이크업+올림머리 / 행사 있던 날 KIMDAX킴닥스
3		중대 안녕~ "드디어 마지막 학기! 소감은...?" 이번 학기 일상을 모두 보여드립니 KIMDAX킴닥스
4		한주한컵🐸 | 또 가고픈 20대의 "도쿄-삿포로-와카나이" 일본 힐링여행! (코스 추 KIMDAX킴닥스
5		자매가 같은 대학에 다닌다면..? 캠퍼스 투어에 이은 새내기 동생과의 학교 생활!! KIMDAX킴닥스

유튜버 킴닥스의 '한 주 한 컵' 시리즈

킴닥스의 경우에도 '한 주 한 컵'이라는 제목의 시리즈로 매주 브이로그 동영상을 올리고 있다. 이처럼 시리즈명을 센스 있게 잘 만들면 구독자들에게 큰 호응을 얻을 수 있다.

나에게 유튜브 마케팅 및 채널 컨설팅에 대한 문의를 했던 고객이 있었다. 그녀의 경우 보험 영업직에 종사하고 있었으며 1년 동안 나름 꾸준히 유튜브 채널을 운영했다. 하지만 본인의 색깔과 방향을 설정하지 않은 채 무작정 남들만 따라하기 바빴고, 맛집 탐방, 책 리뷰, 뷰티 콘텐츠까지 말 그대로 콘셉트가 중구난방이었다. '도대체 뭐하는 채널이지?'라는 생각이 들 만큼 여러 콘텐츠에 욕심을 냈다. 당연히 시청자들의 반응도 미적지근했고, 구독자 수와 조회수도 장기간 정체를 겪고 있었다.

컨설팅 당시 그녀는 "책 리뷰가 좀 대세인 것 같아서 '북튜버'를 해볼까 했어요."라고 말했다. 나는 앞으로 채널을 어떻게 운영하는 게 좋겠느냐는 그녀의 물음에 이렇게 답했다. "지금 유튜브를 하시는 이유가 무엇인가요? 유튜브 채널로 본인의 강점을 어필하고, 더 나아가 시청자들을 신규 고객으로 모셔서 보험 상품을 소개하기 위해서가 아닌가요?" 그녀가 보험 영업에 종사하고 있었기 때문에 정곡을 찌르는 질문이었다. 그녀는 멋쩍게 웃으며 맞다고 했다. 책에 관심 있는 사람들 중 보험까지 동시에 관심 있는 사람들이 몇 명이나 될까? 반면 재테크에 관심 있는 사람들은 보험까지 관심 있을 확률이 높았다. 따라서 그녀가 나아갈 방향은 북튜버가 아니었다.

그녀는 현재 책이 아닌 돈과 관련된 재테크 상식을 주제로 심벌 콘텐츠를 만들고 있다. 나는 구체적으로 "사회 생활을 좀 해본 언니가 친절하게 알려주는 금융 이야기는 어떨까요?"라는 조언을 해드렸고, 책과 관련된 주제는 서브 콘텐츠로 삼으라고 말했다. 이후 그녀는 유튜브 동영상을 접한 고객들로부터 보험 상담 문의가 쏟아지기 시작했고, 현재까지 활발히 활동하고 있다. 이처럼 마케팅의 방향과 일치하

'중저가 시계 리뷰'라는 심벌 콘텐츠로 3만 명의 구독자를 모은 '생활인의 시계' 채널

는 심벌 콘텐츠를 꾸준히 업로드한다면 잠재고객의 마음을 쉽게 사로잡을 수 있고, 더 나아가 비즈니스에도 큰 도움을 받을 수 있다. '중저가 시계 리뷰'라는 심벌 콘텐츠로 틈새 시장을 공략한 '생활인의 시계' 채널처럼 일관된 주제로 채널을 운영할 필요가 있다. 비즈니스 방향과 맞지 않는 콘텐츠를 심벌 콘텐츠로 삼는다면 유튜브 마케팅의 목적을 달성하기 어려워질 것이다.

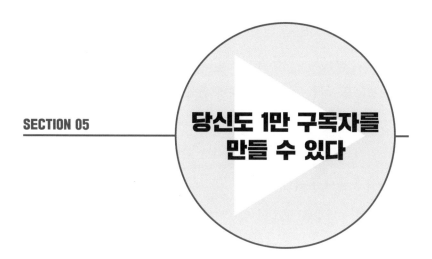

당신도 1만 구독자를 만들 수 있다

유튜브를 시작하면 빨리 구독자를 모아 꿈꾸던 청사진을 이루고 싶은 마음에 초조해진다. 이번 섹션에서는 어떻게 하면 구독자를 빠르고 확실하게 모을 수 있는지 설명해보려 한다. 구독자를 빠르게 모으는 알고리즘과 원리만 파악하면 누구나 1만 명의 구독자를 모을 수 있다. 해답은 '채널의 색깔을 명확히 하고, 시청자의 니즈를 정확하게 파악하고, 파악한 니즈를 바탕으로 콘텐츠를 만드는 것'이다.

사실 구독자 수가 많으면 좋지만 운영하는 채널에 업로드하는 콘텐츠들이 사업과 잘 연관되어 있다면 크게 중요하지 않다고 생각한다. 구독자는 적더라도 동영상 자체로 간접적인 홍보가 되기 때문에 충분히 매출을 창출할 수 있다. 구독자는 채널이 성장하면서 자연스럽게 늘기 마련이다. 물론 좀 더 안정적인 채널 운영과 마케팅 노출 빈도를 높이고자 한다면 구독자 수를 최소 1천 명 이상 만드는 게 좋다. 유튜브 광고를 통해 수익을 창출하기 위해서는 채널의 구독자가 1천 명 이상이어야 하고, 지난 12개월 동안의 시청 시간이 4천 시간 이상이어야 한다. 시청 시간은 차치하더라도 최소한 구독자 수 정도는 맞춰야 상위 노출에 유리하다.

단순히 동영상을 꾸준히 업로드하는 노력만으로도 구독자 1천 명은 넘길 수 있다. 다만 보통 3천~5천 명까지 올라가는 게 고비이며, 그다음 고비는 1만 명이다. 1만 명의 구독자가 있으면 사업이나 창업을 하는 사람에겐 유튜브가 정말 강력한 마케팅 도구가 된다. 오로지 유튜브에만 마케팅과 홍보 비용을 투자하면 되니, 마케팅 비용 또한 어마어마하게 절감된다.

어떻게 구독자를 늘려야 할까?

구독자 수를 늘리기 위해서는 유튜브 시장의 방향과 트렌드 흐름을 먼저 읽어야 되고, 자신의 콘셉트, 콘텐츠 계획이 이와 어긋나 있지는 않는지 검토해야 한다. 앞서 트렌드를 무조건적으로 좇을 필요가 없다고 이야기했었지만 굳이 억지로 역행하면서까지 차별화를 꾀할 필요는 없다. 일단 안정적으로 채널을 운영할 수 있을 만큼 구독자를 확

따라하면 매출이 따라오는 유튜브 마케팅

보하기 전까지는 나아갈 방향을 계속해서 집중적으로 연구하고 고민해야 한다. 운영 초반에는 시간과 노력, 비용적인 부분에서 과감히 투자하는 게 좋다. 계속해서 시도하다가 무언가 벽을 느끼고, 막막해진다면 그때 가서 나와 같은 전문가에게 자문을 구하면 된다. 혼자 주먹구구식으로 운영을 하면 구독자 100명조차 쉽게 만들 수 없다. 요즘 아무리 10만 명, 100만 명의 구독자를 돌파한 유튜버가 많아졌다 해도 막상 직접 운영해보면 그런 케이스가 얼마나 이루기 힘들고 특별한 경우인지 절감할 수 있다.

만일 지금 유튜브 채널을 만들어서 운영 중이라면 자신의 채널을 알리는 것을 부끄럽게 생각해서는 안 된다. 당당하게 온라인에서도, 오프라인에서도 공개해야 한다. 프리랜서이거나 자신의 사업체를 운영 중이라면 명함에 본인의 유튜브 주소를 반드시 기입하기 바란다. 직장에 소속되어 있다면 유튜브 채널을 홍보하기 위한 자체 명함을 따로 만들어서 활용하는 방법도 있다. 유튜브 채널을 자신의 가게이자 회사라고 생각해서 적극적으로 어필해야 한다.

나의 경우 SNS는 물론이고 어디를 가서 누구를 만나든 유튜브 채널을 운영 중이라고 말한다. 채널을 오픈하기 전부터 미리 주변 지인들에게 홍보를 했고, 오픈한 뒤에도 적극적으로 어필했다. '주변에 있는 지인들조차 구독자로 끌어들이지 못한다면 생면부지 불특정 다수의 시청자들을 어떻게 설득하겠어?' 하는 마음 때문이었다. 유튜브를 운영해보지 않은 사람들은 유튜버라는 것만으로도 대단하다고 생각한다. 그러니 부끄러워하지 말고 자부심을 갖기 바란다. 남들이 퇴근해서 쉴 시간에 잠잘 시간을 쪼개가면서 노력한다는 증표니까 말이다. 전혀 부끄러워할 일이 아니다.

그럼 구독자를 늘릴 수 있는 실용적인 방법은 무엇이 있을까? 다음의 5가지 팁을 참고하기 바란다.

1. 오프라인 사업체 활용하기

유튜브 마케팅에 관심이 있는 사람들은 대부분 자신의 사업체가 있다. 불특정 다수의 고객을 대하는 가게를 운영 중이라면 손님들에게 이벤트를 시행해 적극적으로 어필하는 게 좋다. 유튜브 채널을 구독하고, '좋아요' 혹은 댓글을 달아주면 확인 후 제품을 할인해주거나 서비스 쿠폰을 주는 것이다. 의외로 이게 정말 단기간에 구독자를 모으기 좋은 방법이다. 만일 일반 회사라면 누군가와 미팅을 하거나 접대를 할 때 유튜브를 소개하고 홍보하면 된다.

2. 이벤트 활용하기

구독자가 100명, 1천 명, 2천 명 단위로 올라갈 때마다 상품을 증정하는 이벤트를 열면 좋다. 상품은 굳이 비싸지 않아도 된다. 하다못해 해당 분야와 관련된 책이라도 한 권 선물해주면 큰 호응을 얻을 수 있다.

3. 구독 링크 만들기

채널 구독을 할 확률을 높일 수 있는 간단한 방법은 유튜브 주소를 보낼 때 구독 버튼 팝업이 뜨게 하는 것이다. 본인의 채널 주소 뒤에 '?sub_confirmation=1'을 붙이면 된다. 예를 들면 아래와 같다.

변경 전: www.youtube.com/user/pinklybarbie

변경 후: www.youtube.com/user/pinklybarbie?sub_confirmation=1

구독 요청 링크를 누군가에게 보내거나 만들 때 채널 주소 뒤에 '?sub_confirmation=1'을 적으면, 해당 링크를 눌렀을 때 자동으로 구독 버튼 팝업이 뜨게 된다. 구독 버튼이 뜨게 되므로 그렇지 않은 링크보다 상대적으로 구독할 확률이 높아진다. 이미 채널을 구독한 사

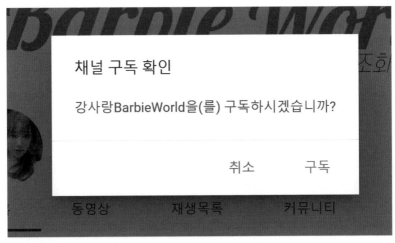

채널 주소 뒤에 '?sub_confirmation=1'을 적으면 구독 버튼 팝업이 뜬다.

람들에겐 팝업이 뜨지 않으니 귀찮아할 일도 없어 굉장히 유용한 기능이다.

4. 1~3분 안에 핵심을 드러내라

보통 한 동영상을 끝까지 볼지 안 볼지는 1~3분 안에 결정된다고 한다. 동영상의 시청 시간을 늘리기 위해서는 1~3분을 재미있게 핵심만 추려 만들 필요가 있다. 대략 내용의 50% 정도는 이때 보여주는 게 좋다. 너무 질질 끌게 되면 시청자 이탈률이 높아질 수 있다. 여기서 1~3분이라는 건 동영상이 10분가량일 때를 가정한 것이다. 또한 보편적인 상황에서의 예시이므로 콘셉트에 따라 비중 조절은 유연하게 가능하다.

만일 동영상이 10분 정도라면 1~3분 안에 핵심 50%를 보여주고, 나머지 50%가 궁금해 끝까지 볼 수 있도록 만들어야 한다. 그리고 채널 운영 초반부터 영상의 인트로와 아웃트로를 신경 쓰는 게 좋다. 끝까지 동영상을 보는 사람들이야말로 잠재고객이 될 확률이 가장 높은 이들이다. 그러므로 동영상을 끝까지 볼 수 있게 붙잡아야 한다.

5. 반드시 자신만의 심벌 콘텐츠가 있어야 한다

흔히 '회심의 한 방'이라 표현하는 심벌 콘텐츠가 있어야 한다. 물론 처음에는 이런 동영상을 만들기가 어려울 수 있다. 하지만 계속해서 기획하고 시도하며 좋은 결과를 얻기 위해 노력한다면 충분히 가능하다. 구독자들로부터 피드백을 받고 꾸준히 시장을 분석하는 부지런함이 필요하다.

만일 계속해서 잘 안 된다면 전문가에게 자문을 구해 시행착오를 줄이는 것도 한 방법이다. 조금이라도 빨리 심벌 콘텐츠를 만들어내는 게 구독자를 늘리는 지름길이다. 나의 경우 심벌 콘텐츠가 나오기까지 무려 2년 동안 시행착오를 겪었다. 그리고 심벌 콘텐츠가 나오자 2년간 2천 명에 불과하던 구독자가 2개월 만에 1만 명을 훌쩍 넘어섰다. 만일 심벌 콘텐츠 기획이 더 늦어졌다면 3년, 4년이 지나도 구독자 수는 3천~4천 명에 불과했을 것이다.

심벌 콘텐츠를 찾았다면 이제 가장 중요한 건 지속성이다. 메인 콘텐츠로 후속타를 계속해서 쳐야 한다. 실제로 지속성을 잃어 잠깐 반짝 뜨고 지는 채널들이 수두룩하다. 그렇기 때문에 평소 콘텐츠 구상안을 많이 가지고 있어야 하며, 계속해서 꾸준히 콘텐츠를 만들어내려는 노력과 끈기가 필요하다.

덧붙여 당부하고 싶은 건 구독자 수와 조회수를 올리고 싶은 마음에 가짜 계정들을 이용하거나, 일명 '맞구독(품앗이처럼 서로 구독을 해주는 것)'이라고 하는 행위는 지양해야 한다는 점이다. 유튜브는 알고리즘을 통해 가짜 계정들을 이용해 구독자 수와 조회수를 올리는 게 발견되면 동영상 상위 노출을 제한한다. 심지어 계정이 정지되는 사태도 발생할 수 있으며, 맞구독은 자칫 잘못하면 채널 자체가 스팸 채널로 분류되어 불이익을 받을 수 있다. 그렇기 때문에 답답하고 느리더라도 차근차근 구독자 수와 조회수를 쌓아나가는 게 중요하다.

마지막으로 지금 자신이 운영하는 채널의 구독자가 1만 명을 넘었는데 비즈니스 성과로 이어지지 않는다면 콘텐츠의 방향이 잘못되었다는 증거다. 예비 창업자와 소상공인, 중소기업 등 주체가 누구든 결국 유튜브를 운영하는 이유는 마케팅 성과 때문이다. 만일 구독자 단위가 1만 명 수준임에도 불구하고 성과가 미미하다면 콘텐츠의 방향과 콘셉트를 바꿀 필요가 있다.

레드오션에서 살아남는 법

흔히들 유튜브 시장의 경쟁이 포화 상태에 이르러 이미 레드오션이라고 지적하고는 한다. 틀린 말은 아니지만 나는 아직도 유튜브의 성장 가능성이 무궁무진해 마냥 부정적으로만 볼 게 아니라고 생각한다. 유튜브 채널을 운영하기 망설이는 사람들의 단골 질문은 "지금 시작하기에 너무 늦은 거 아닌가요?"라는 것이다. 그리고 지금 이 책을 읽는 순간에도 '내가 조금만 더 빨리 시작했으면 좋았을 텐데.'라고 생각하는 경우도 있을 것이다.

물론 5년 전, 10년 전에 시작한 유튜버들과 비교하면 당연히 그들의 구독자가 더 많고, 빨리 시작해서 더 잘된 것 같아 보인다. 하지만 지금 유튜브 채널을 운영하다 포기하는 사람은 5년 전, 10년 전에도 비슷한 이유로 포기했을 것이다. 앞서 출발한 유튜버들이 성공한 이유는 '빨리' 시작했기 때문이 아니다. 몇 년간 묵묵히 포기하지 않고 지금까지 인내의 시간을 견뎌왔기 때문에 성공한 것이다. 이 책을 읽는 지금도 기회는 있다. 5년 뒤, 10년 뒤에 누군가 당신을 보며 '아, 나도 저때 시작했어야 하는데.'라고 생각하게 될 것이다. 오히려 유튜브에 관심을 갖고 있는 사람들이 많은 지금이 적기라고 볼 수 있다.

언제 시작하든 후발주자가 될 수밖에 없다. 또 몇몇 분야는 레드오션이 맞다. 하지만 그렇다고 승산이 없는 것은 아니다. 레드오션에서 살아남아 앞서간 이들과 당당히 어깨를 겨누기 위해서는 채널 운영 전략을 뚜렷하게 세워야 한다. 비록 구독자 수가 적고 전업 유튜버가 아니더라도 프로의 마음가짐으로 진지하게 준비해 운영할 필요가 있다. 다음의 4가지 팁을 참고하자.

1. 차별화가 중요하다

다른 것들과 똑같으면 묻힐 수밖에 없다. 차별화된 콘텐츠와 아이디어가 무엇보다 중요하다. 본인의 강점과 장점을 파악하고 어떻게 극대화할지 고민해봐야 한다. 비슷한 방향으로 채널을 운영 중인 기존 유튜버들과 어떻게 다르게 차별화할 건지 먼저 생각하고, 자신만의 무기를 만들어야 한다. 처음 시작할 때는 이것저것 조금씩 잘하는 것보다 어느 한 가지에 집중하는 게 오히려 더 유리할 수 있다.

2. 콘텐츠와 콘셉트를 단일화한다

'뭐라도 하나 되겠지?' 하는 마음에 이것저것 다 하려고 해서는 안된다. 의욕이 너무 앞서 이것저것 해보고 싶은 마음이 굴뚝같겠지만, 다양한 콘텐츠는 어느 정도 채널이 안정화된 이후에 시도해도 늦지 않다. 콘텐츠의 카테고리를 늘리거나 새로운 채널을 하나 더 운영하는 것도 좋은 방법이지만 이 역시 자리를 잡고 시작하는 게 좋다. 특히 자신의 사업과 연관이 없는 콘텐츠는 되도록 지양해야 한다. 옷가게를 운영하고 있다면 패션 관련 채널을 운영해야 하며, 식당을 운영하고 있다면 음식과 관련된 채널을 운영하는 것이 좋다.

예를 들어 본인이 미술용품을 판매하는 상가를 운영하고 있는데 뜬금없이 먹방 채널을 운영한다면, 취미로는 만족할 수 있을지 몰라도 마케팅적인 부분에서는 효과를 기대하기 힘들다. 지금 식당을 운영하는데 게임 동영상만 올리는 등 사업과 전혀 연관성이 없는 콘텐츠는 포기하는 게 좋다. 당연한 이야기지만 자신의 사업과 관련된 니즈를 갖고 있는 이들을 모아야 사업을 성장시킬 수 있다.

3. 트렌드를 놓치지 말자

최근에는 가성비가 좋은 제품, 즉 가격 대비 퀄리티가 좋은 제품이 트렌드를 이끌고 있다. 꼭 고가의 화장품이 아니더라도 비싼 화장품과 비슷한 효과를 내는 제품들이 전 세계적으로 사랑받고 있다. 고가의 제품과 유사한 발색을 내는 화장품들이 유행을 타고 있는데, 미

LUXURY vs. DRUGSTORE DUPES on my TWIN SISTERS
조회수 3,416,641회 • 게시일: 2019. 8. 12.   👍 14만   👎 3.6천   ↱ 공유   ≡+ 저장   …

발 빠르게 트렌드를 좇아 큰 사랑을 받은 동영상. 무려 약 350만 뷰를 달성했다.

국의 '타티(Tati)'라는 유튜버는 이런 가성비 좋은 제품을 소개하는 콘텐츠로 큰 인기를 끌고 있다. 그녀는 생김새가 비슷한 쌍둥이 자매를 섭외해 럭셔리 화장품과 저렴한 화장품을 사용해 비교하는 콘텐츠를 기획해 큰 호응을 얻었다. 가격과 상관없이 둘 다 너무 똑같아서 크게 히트를 쳤다. 현재 그녀는 무려 980만 명에 달하는 구독자를 가지고 있다. 이처럼 사회적 트렌드를 읽고 콘텐츠를 기획한다면 수월하게 큰 사랑을 받을 수 있다. 물론 동영상의 퀄리티 역시 중요하다.

4. 틈새 시장을 포착하라

이미 포화 상태인 콘셉트에도 틈새는 있기 마련이다. 아무리 레드 오션이라 해도 세부적으로 타깃 시청자를 구분하면 차별화를 이룰 수 있다. 나의 경우 그냥 '뷰티'라는 콘텐츠보다는 의료 뷰티 시장에 일찍 눈을 돌렸다. 뷰티라는 큰 줄기는 같지만 타깃 시청자가 확연히 다르기 때문에 나름대로 블루오션(경쟁자가 없는 유망한 시장)의 영역 이었다. 만일 남들이 다하는 뷰티 콘텐츠만 고집했다면 지금처럼 성장 할 수 없었을 것이다. 이처럼 큰 주제가 같다고 하더라도 세부적으로 어떤 변화를 주느냐에 따라 전혀 다른 결과를 얻을 수 있다.

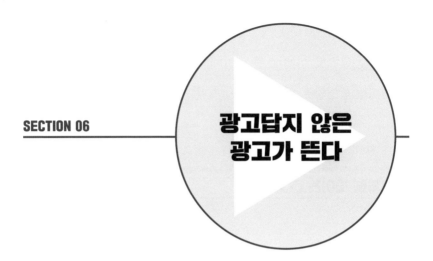

SECTION 06

광고답지 않은 광고가 뜬다

사람들이 가장 거부감을 느끼는 동영상은 대놓고 광고를 하는 동영상이다. 무언가를 홍보하는 마케팅 목적의 동영상이라 해도 너무 홍보라는 게 티가 나면 좋은 결과를 얻을 수 없다. 이번 섹션에서는 광고처럼 보이지 않는 광고를 만드는 방법에 대해 이야기해보겠다.

지금 우리가 살고 있는 디지털 시대는 전통적인 방식의 광고가 통용되지 않는다. 광고적인 요소가 있다 하더라도 목적을 숨기는 게 중요하다. 보여주기 식으로 만든 광고는 긍정적인 브랜드 인식으로 연결되기 힘들다. 그래서 요즘에는 직접적인 홍보 방식 외에 일명 '스텔스 마케팅(stealth marketing)'이 떠오르고 있다. 스텔스 마케팅이란 일반적인 광고물에 식상해 있는 소비자들의 관심을 유도하기 위해 눈치 채지 못하는 사이에 구매 욕구를 자극시키는 방식의 마케팅을 뜻한다. 유튜브 콘텐츠도 이제 스텔스 마케팅의 노선을 따라야 한다. 노골적인 광고성 동영상은 외면 받게 될 것이다.

광고처럼 보이는 건 금물

동영상을 만들 때 가장 중요하게 공들여야 하는 부분은 '광고처럼 보이지 않도록 하는 것'이다. 그러면서 동시에 보는 이로 하여금 즐거움을 주고, 무언가 좋은 정보를 주고, 공감을 이끌어내기까지 하면 금상첨화다. 소개하려는 제품이나 서비스가 아닌 동영상 자체의 매력에 푹 빠질 수 있도록 노력해야 한다. 콘텐츠 안에 자연스럽게 브랜드의 가치와 메시지를 녹이는 방식을 '브랜디드 콘텐츠(branded contents)'라 하는데, 이처럼 단순히 광고용으로 만든 동영상이 아닌 하나의 콘텐츠를 창조한다는 생각으로 접근해야 한다.

개인적으로 가장 재미있고 거부감 없이 보았던 브랜디드 콘텐츠는 유튜버 '선민_sunmin'의 동영상이었다. 그녀는 호주에서 만난 외국인 남자친구와의 연애 스토리를 주제로 이야기를 하다가 갑자기 파우더를 꺼내 소개한다. 뜬금없어 보일 수 있지만 특유의 유쾌한 에너지와 함께 광고를 하니 전혀 관심이 없었던 그 파우더에 저절로 호기심이 생겼다. 재미있는 에피소드와 함께 광고를 곁들이면 거부감 없이 유

ENG) my FIRST Foreign Boyfriend_{AU} | 드디어 호주에서 외국인 남자친구와의 연애 스토리 | 🍶혼술토크🍶

조회수 339,456회   👍 1.1만   👎 160   ↗ 공유   ➡+ 저장   ···

거부감 없이 재밌게 브랜디드 콘텐츠를 선보인 유튜버 '선민_sunmin'의 동영상

쾌하게 받아들이게 된다. 해당 동영상을 보면서 '아, 이렇게 센스 있게 광고를 할 수 있구나.'라는 생각이 들었다.

또 다른 인상 깊었던 브랜디드 콘텐츠는 유튜버 '김달'의 사례다. 그는 주로 연애 상담과 관련된 콘텐츠를 올리는 유튜버인데, 자연스럽게 편견을 없애주는 콘텐츠를 통해 소개팅 애플리케이션을 홍보한다. 그의 동영상을 보기 전까지만 해도 나 역시 소개팅 애플리케이션에 대한 편견이 있었다. '그런 걸 왜 하지?', '다 이상한 사람들만 있는 거 아니야?'와 같이 생각했지만 그의 동영상을 통해 생각의 전환을 이룰 수 있었다.

사례로 든 유튜버들의 공통점은 일단 우물쭈물하거나 쑥스러워하지 않는다는 것이다. 수익 창출을 위해 무언가를 홍보하는 건 당연한

유튜버 '김달'은 자연스럽게 편견을 없애주는 콘텐츠를 통해 소개팅 애플리케이션을 홍보한다.

부분이라고 솔직히 인정하고, 마케팅을 주저하지 않는다. 그러면서 당당하게 제품이나 서비스를 홍보하는데, 만일 스스로의 콘텐츠에 대한 자신감이 없었다면 불가능했을 것이다. 그리고 홍보를 하는 건 절대로 잘못된 게 아니다. 공영방송에 출연하는 출연자라면 몰라도 말 그대로 '개인' 채널이기 때문에 아무런 잘못이 없다. 오로지 홍보가 목적인 낮은 퀄리티의 동영상을 남발한다면 문제가 되겠지만 그렇지 않다면 괜찮다.

종종 "무언가 홍보를 하면 구독자들이 싫어할 거 같아서 못하겠어요."라고 고충을 털어놓는 분들이 있다. 그러나 본인의 마음가짐 문제라고 생각한다. 이 홍보를 통해 큰 이득을 보려는 마음이 크면 더 주저하게 되는 것 같다. 그저 '이 동영상을 통해 시청자들에게 좋은 무언가를 알려주고, 도움을 줘야겠다.'라고 생각하면 한결 마음이 편해질 것이다. 그러니 더 이상 주저하지 말자.

물론 홍보성 콘텐츠라면 무조건 거부감을 보이는 구독자도 있을 수 있다. 하지만 유튜버들은 수신료를 받는 방송사나 출연료를 받고 활동하는 방송인이 아니다. 모든 이들의 사랑을 받기 위해 애쓸 필요는 없다. 다만 광고 효과를 높이기 위해 신경 써야 하는 부분은 '자연스러움'이다. 가령 홍보하고 싶은 제품이 있다면 대놓고 장점이 이러이러하다고 이야기하기보다 자연스럽게 동영상에 녹아들도록 연출하는게 좋다. 때로는 오히려 궁금증을 일으키기 위해 정보 소개를 최소화하는 방법도 쓸 수 있다. 그리고 뜬금없이 홍보 동영상을 올리는 것보다 이전 동영상과 자연스럽게 어우러지는 조화로운 콘텐츠를 만드는게 좋다. 만일 기존의 콘셉트와 완전히 동떨어진 광고성 동영상이 올라오면 채널 구독자들이 혼란을 느낄 것이다. 마치 기존 시리즈처럼 자연스럽게 만들어야 시청자들도 거부감을 덜 느낀다.

과하지 않으면 거부감도 덜하다

본인을 어필하거나 사업을 홍보하는 목표라면 끝에 살짝 언급하는 정도가 좋다. 아니면 동영상 아웃트로에 2~5초 정도 홍보할 부분을 넣어놓으면 된다. 인스타그램 주소나 카카오톡, 사이트 주소 등 원하는 정보를 기입한다. 동영상이 아닌 동영상의 '설명' 부분을 활용해 홍보하는 것도 좋다. 동영상 안에 홍보적인 요소가 있어도 유용한 정보가 담겨 있거나 무언가 재미있는 요소가 있다면 시청자들의 거부감을 줄

중간에 할인쿠폰 코드를 입력해 시청자들의 이탈률을 낮춘 동영상

일 수 있다.

　나의 경우 중간에 할인쿠폰 코드를 넣어 시청자들의 이탈률을 낮추고, 보는 이로 하여금 콘텐츠를 통해 유용한 무언가를 얻었다는 뿌듯한 느낌이 들게 유도했다. 동영상을 보고 제품이나 서비스에 관심이 없던 사람도 할인쿠폰 코드가 있으면 마음을 돌릴 공산이 커진다. 그래서 콘텐츠 중간에 할인쿠폰 코드를 넣는 이벤트를 자주 시행했는데 반응이 정말 뜨거웠다. "동영상을 끝까지 보시면 할인쿠폰 코드를 얻을 수 있으니 놓치지 마세요!"라는 멘트도 함께 곁들이면 시청 시간도 길어지는 효과까지 누릴 수 있다. 꼭 할인쿠폰 코드가 아니어도 좋다. 소소한 경품을 곁들이는 것만으로도 광고에 대한 거부감을 낮출 수 있다.

　다시 강조하지만 홍보는 자연스러운 게 중요하다. 인위적인 홍보는 홍보하는 사람이나 시청하는 사람이나 다 불편하기 마련이다. 연출된 것처럼 안 보이는 연출이야말로 고수의 영역이다. 처음에는 어려울 수 있지만 조회수가 높은 동영상들을 보며 차근차근 공부한다면 충분히 익힐 수 있을 것이다. 자신의 브랜드를 론칭한 유명 유튜버의 채널에서 그들이 어떤 식으로 광고 콘텐츠를 제작하는지 틈틈이 엿보기 바란다.

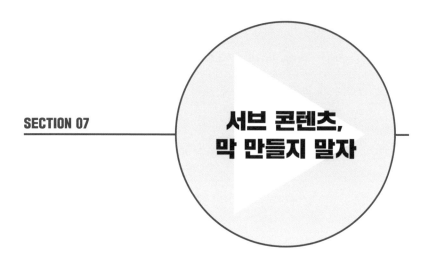

서브 콘텐츠, 막 만들지 말자

앞서 메인 콘텐츠 외의 트렌드에 부합하는 콘텐츠를 서브 콘텐츠라 설명했다. 대표적인 서브 콘텐츠로는 브이로그(Vlog)가 있다. 브이로그란 비디오(video)와 블로그(blog)의 줄임말로 동영상 형식으로 인터넷에 올리는 블로그 포스팅이라 생각하면 된다. 특히 한국에서는 본인의 일상이나 여행 등의 기록을 담은 동영상을 브이로그라 일컫는 경향이 있다. 브이로그는 분명 구독자가 많을 때는 자신의 일상을 공유하며 소통할 수 있다는 점에서 유의미하다. 하지만 전략이 없는 브이로그는 찍으나 마나다. 좀 신랄하게 들릴 수 있지만 혹시라도 구독자수가 적은 상태에서 찍어놓은 브이로그 동영상이 있다면 과감히 삭제하기 바란다. 아직 팬덤이 형성되지 않은 유튜버의 일상을 과연 시청자들이 궁금해할까?

유튜브 마케팅으로 성공을 거두고 싶다면 사소한 서브 콘텐츠도 이제 더 전략적으로 만들어야 한다. 흥미를 끌어 남과 다른 차별화된 브이로그를 찍어야 한다. 물론 너무 각색하거나 인위적이면 안 되겠지만 약간의 연출적인 요소가 있더라도 자연스럽게 녹여내면 거부감을 줄일 수 있다. 과거에는 브이로그가 흔하지 않았지만 지금은 수요보다 공급이 더 늘어 시장이 포화된 상태다. 남들과 똑같은 패턴, 비슷한 장소, 비슷한 편집으로는 재미를 볼 수 없다. 물론 사람들이 해당 유튜버 자체가 좋아서 보게 되는 경우도 많지만, 아직 그 정도가 아니라면 차라리 심벌 콘텐츠에 집중하는 게 낫다.

서브 콘텐츠의 퀄리티를 높이는 방법

그렇다면 조금이라도 더 서브 콘텐츠의 퀄리티를 높일 수는 없을까? 브이로그를 올리더라도 그냥 평범한 일상을 올리는 게 아니라 동영상을 통해 시청자들이 대리만족감을 느끼게 해야 한다. 만족감을 줄 수 없다면 사소한 정보 하나라도 전달할 수 있어야 하는데, 무엇보다 중요한 건 서브 콘텐츠라 하더라도 본인의 비즈니스와 연계해야 한다는 것이다. 차별화된 브이로그를 찍어야 한다고 해서 꼭 비싼 장소에 가야 하거나 해외로 여행을 다녀야 하는 건 아니다. 나 역시 미국이라는

크리에이터 스튜디오의 '오디오 라이브러리' 화면(위)과 '브이로그 음악 라이브러리' 채널(아래)

지역적인 차별화는 있었지만 소소하게 마트를 가고 근처에 들어가 밥을 먹는 등 일상을 담았을 뿐이다. 그 안에서 다이어트와 관련된 요소들을 직간접적으로 언급하고, 숍에 관한 이야기 등을 녹여 사업과 연결했다.

유튜브 채널을 운영한다면 늘 염두에 둬야 하는 부분은 잠재고객의 니즈다. 동영상의 시청자는 그냥 시청자가 아니다. 시청자는 곧 잠재고객이다. 유튜브를 보는 사람들의 눈은 점점 높아지고 있고, 앞으로도 그들의 기대를 충족시키려면 양질의 콘텐츠를 만들어야 한다. 유튜브 '크리에이터 스튜디오'에서 '기타 기능', '오디오 라이브러리'를 차례대로 누르면 각종 무료 음원과 음향을 다운로드받을 수 있다. 저작권에 위배되지 않는 다양한 음원 및 음향을 받을 수 있는데, 효과음만 잘 활용해도 훨씬 질 높은 콘텐츠를 만들 수 있다. 좀 더 다양한 음원을 다운로드받고 싶다면 '브이로그 음악 라이브러리' 채널을 추천한다. 굳이 브이로그가 아니더라도 다양한 콘텐츠에서 활용할 수 있는 양질의 음원을 제공한다.

2%의 여운을 남기는 게 중요하다

유튜브를 시청하는 시청자들의 눈은 날이 갈수록 높아지고 있다. 앞으로도 계속해서 더 높아질 것이다. 조금 부족하고 촌스러워도 경쟁자가 적어 사랑받을 수 있었던 때도 있었지만, 현재는 치열한 경쟁을 거쳐 우위를 점해야만 상위 노출이 되는 과열 경쟁의 시기다. 그렇기 때문에 자연스럽게 유튜브를 시청하는 시청자의 눈높이가 점차 높아졌고, 기대치도 커진 상태다. 아무리 개인 유튜브 채널이라고 해도 너무 아마추어 티가 나면 안 된다. 그렇지만 아마추어라도 자신만의 무기, 즉 동영상을 계속해서 보게 만드는 요인이나 캐릭터 자체가 매력적이라면 충분히 승산이 있다.

흔히 연인 사이에 밀고 당기는 미묘한 심리전을 '밀당'이라 표현한다. 유튜버, 구독자와의 관계에도 이 밀당이 필요하다. 동영상을 만들 때 2%의 여운을 남기는 전략을 통해 구독자와 밀당을 할 수 있다. 다음의 6가지 밀당 팁을 참고하자.

1. 기대감과 아쉬움 심어주기

'기대감'을 불어넣기 위해서는 동영상이 끝날 때 구독자들이 '아쉬움'을 느끼게 해야 한다. 재미있는 드라마가 한창 갈등이 고조될 때 끝나 애간장을 태웠던 경험이 있을 것이다. 동영상도 그런 느낌을 주는 게 좋다. 연애를 할 때 다음 데이트 때는 이런 걸 해보고, 저기도 가보자는 식으로 상대에게 지속적인 기대감을 주는 것처럼 동영상을 만들어야 한다. 데이트를 통해 자연스럽게 서로에게 빠져드는 것처럼 다방면에서 구독자들의 구미를 당길 만한 요소를 포함시켜야 한다.

2. 동영상의 속도감 조절하기

콘텐츠의 종류에 따라 약간씩 달라지지만 너무 축 늘어지는 편집은 자칫 지루해질 수 있다. 대체적으로 속도가 빠르면 빠를수록 좋은데, 동영상 자체의 배속을 1.5배속, 2배속씩 늘리라는 뜻은 아니다. 편집을 통해 속도감을 내야 한다는 뜻으로 동영상의 전개가 빨라야 한다는 의미다. 전개가 속도감 없이 처지면 시청자가 지루함을 느낄 수 있다.

3. 시간 분배 잘하기

동영상이 너무 길면 시청자도 보다가 지치기 쉬우므로 시간 분배도 잘해야 한다. 동영상 길이를 보통 5분, 평균 7~10분, 아무리 길어도 20분 이내로 끝내는 것이 좋다. 사실 20분 이상은 웬만한 정규 프로그램도 중간에 딴짓하지 않고 보기 힘든 시간이다.

4. 페이스 유지하기

구독자들과 마치 연애하는 기분으로 유튜브를 길게 공을 들여 운영하기 바란다. 당장 구독자 수가 적다고 해서 너무 초조해 하거나 무리하게 트렌드를 좇으면 안 된다. 본인의 중심과 페이스를 잘 지켜나가야 한다. 너무 구독자 수에 연연해 콘텐츠를 만들면 정말 신기하게도 오히려 구독자 수가 떨어지는 경우가 많다. 잘 안 될 때나 잘될 때나 늘 한결같은 페이스를 유지하는 게 본인의 정신 건강과 채널에도 도움이 된다.

나 역시 초창기에 매출이 잘 안 나올 때가 있었다. 하지만 단 한 번도 구독자가 적고 매출이 적다고 해서 갈팡질팡하지 않았다. 고객이 조금이라도 구매 여부를 고민하면 강매하지 않고 오히려 더 생각해보고 오라며 되돌려 보낸 적도 많았다. 만일 그때 강제로 잡아당기듯이 잠재고객을 모으기 위해 애걸복걸했다면 결코 좋은 성과를 내지 못했을 것이다.

5. 표현은 확실하게 하기

나에게 관심을 보내주는 구독자들에게 애정과 감사를 표현할 때는 확실하게 해야 한다. 인사치레라는 느낌이 드는 성의 없는 댓글은 지양하는 게 좋다. 동시에 아무리 구독자들이 친근하다고 해도 일정 선을 넘거나 예의 없이 행동하면 안 된다. 친한 사이일수록 더 예의를 잘 지키고, 선을 넘는 발언과 행동은 자제하자.

6. 여운 남기기

동영상은 항상 여운을 남기고 끝내야 한다. 시청자로 하여금 동영상 속에 노출된 제품 및 서비스에 대해 궁금증을 갖게 해야 한다는 말이다. 적당하게 궁금증을 남기고 호기심을 유발하면서 끝내야 지속적으로 다음 동영상까지 시청자들이 유입될 수 있다. 적당한 밀당으로 여운을 남기면서 꾸준히 사랑받는 유튜브 마케팅의 고수가 되길 바란다.

마케팅의 방향과 일치하는
심벌 콘텐츠를 꾸준히 업로드한다면
잠재고객의 마음을 쉽게 사로잡을 수 있고,
더 나아가 비즈니스에도 큰 도움을 받을 수 있다.

아무도
가르쳐주지 않았던
채널 브랜딩 전략

마케팅과 혁신이 성과를 만들어낸다.
나머지는 모두 비용일 뿐이다.

_피터 드러커(Peter Drucker)

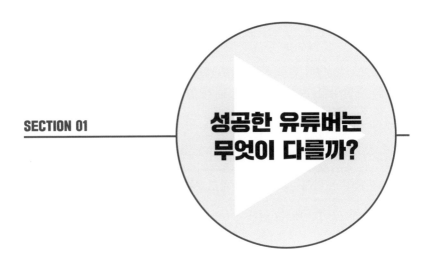

성공한 유튜버는
무엇이 다를까?

하루아침에 스타 유튜버가 된 사람들의 공통점과 비결은 무엇일까? 누구나 궁금해할 만한 질문이다. 나 역시 일찍이 유튜브 채널을 훌륭하게 운영하고 있는 스타 유튜버들의 성공 비결과 노하우가 정말 궁금했었다. 그런데 우연한 기회에 뷰티 유튜버이자 영화감독인 '김닥스', 유튜버 '박막례' 할머니의 손녀인 김유라, 두 분을 만나 성공 비결에 대해 들을 수 있었다. 그분들을 인터뷰하며 들었던 생각은 '정말 세상에 그냥 되는 건 하나도 없구나.'였다. 그들은 상상 이상으로 어마어마하게 노력하는 노력파였고, 지금의 자리와 인기에 안주하지 않고 끊임없이 콘텐츠에 대해 고민하고 있었다. 무엇보다 정말 전략적으로 채널을 운영 중이었다.

한마디로 그들은 프로였고, 나는 아마추어에 가까웠다. '우연히 운이 좋아서 된 것이 아니라 준비된 사람들에게 기회가 온 거구나.'라고 다시금 깨달았다. 동시에 그동안 내가 안일하게 채널을 운영해왔던 건 아닌지, 제대로 노력도 하지 않은 채 성공한 사람들을 부러워하기만 한 건 아닌지 되돌아보게 되었다. 이미 최고의 자리에 오른 그들도 이처럼 부단히 노력하는데, 후발주자로 시작하는 경우에는 더 악착같이 노력해야만 살아남을 수 있을 것이다.

성공한 유튜버들의 6가지 공통점

그렇다면 성공한 유튜버들의 공통점은 무엇일까? 다음의 6가지 사항을 참고하자.

1. 하루라도 먼저 시작한다

일찍이 자리를 잡은 유튜버를 보며 '먼저 했으니까 성공한 거 아니야?'라고 폄훼하는 건 스스로의 안목을 욕하는 것과 다르지 않다. 그들이 먼저 시작했기 때문에 성공했다면 유튜브의 가능성을 빨리 알아채지 못한 본인의 안목부터 탓해야 할 것이다. 하지만 지금도 늦지 않았다. 훗날 더 큰 후회를 남기지 말고 지금부터라도 시작해보자.

2. 본인의 관심사와 장점을 살렸다

성공한 유튜버들은 본인의 관심사와 장점이 무엇인지 정확히 알고 있었다. 그리고 그것을 살려 동영상 콘텐츠로 승화시켰다. 그들처럼 스스로 어떻게 해야 본인이 더 매력적으로 보이고, 많은 사람들에게 관심을 받을 수 있을지 계속해서 연구해야 한다. 그리고 부족한 점이 있다면 노력을 통해 본인을 매력적인 사람으로 만들어나가야 한다. 두루두루 잘하는 것보단 어떤 한 분야에서 하나라도 독보적으로 잘하는 게 더 중요하다.

3. 캐릭터가 분명하다

성공한 유튜버는 개개인의 캐릭터가 분명하다. 누군가를 따라했다는 느낌 없이 저마다의 색깔을 가지고 있으며, 강점을 살려 매력적으로 이미지메이킹을 한다. 이들의 구독자는 콘텐츠도 콘텐츠지만 그들의 캐릭터가 좋아서 구독을 누른 경우가 많다. 그렇기 때문에 성공한 이들의 캐릭터를 잘 분석해볼 필요가 있으며, 이를 바탕으로 자신만의 새로운 캐릭터를 만들어내야 한다. 자칫 롤모델을 그대로 모방하면 역효과가 날 수 있으니 유의하자.

4. 끊임없는 노력으로 퀄리티를 높였다

성공한 유튜버는 채널이 정체되지 않도록 끊임없이 노력한다. 본인의 채널 카테고리를 정할 때는 과거부터 현재까지 꾸준히 관심 있었던 분야를 공략하고, 동시에 내가 남들보다는 조금 더 차별화되고, 특출한 부분이 있는 분야를 선택한다. 그래야 포기하지 않고 계속 공부할 확률이 높기 때문이다.

5. 콘텐츠를 사업으로 잘 연계했다

단순히 콘텐츠만 올리는 것을 넘어 많은 유튜버들이 자신의 개성을 살린 사업 아이템을 개발하고 있다. 예를 들어 뷰티 유튜버 '로즈하'는 자신의 특색을 살려 쇼핑몰을 운영하고 있고, 유튜버 '포니'는 포니이펙트라는 화장품 브랜드를 론칭해 세계적인 브랜드로 이름을 알리고 있다. 먹방 유튜버로 유명한 '밴쯔'와 '엠브로'는 본인들의 이름을 건 오프라인 음식점을 오픈했다. 북튜버 '김새해' 작가는 다양한 책을 소개하는 콘텐츠를 운영하고 있는데, 출판사와 협업해 작가라는 자신의 직업적인 콘텐츠를 수익 모델과 잘 연결했다.

콘텐츠를 사업으로 연계한 사례

유튜버	콘텐츠	사업
로즈하	뷰티·패션 유튜버	온라인 쇼핑몰 운영
포니	뷰티 유튜버	화장품 브랜드 론칭
밴쯔, 엠브로	먹방 유튜버	오프라인 음식점 오픈
김새해	북튜버	출판사와 협업

6. 채널 운영 전략이 뚜렷하다

지금의 자리에 오른 스타 유튜버들이 전부 처음부터 뚜렷한 전략을 가지고 유튜브를 시작했던 것은 아니다. 시간이 지나면서 자연스럽게 채널 운영 전략의 필요성을 느꼈고, 이후 치밀한 노력과 꾸준함으로 지금처럼 채널 운영 전략을 체계화한 것이다. 그들은 시즌별, 세부 카테고리별로 시리즈 구성을 달리해 동영상을 올리고, 기획과 촬영, 편집 등 모든 과정을 철저하게 관리한다. 무심코 흘러가는 동영상 한 컷, 작은 소품 하나조차 그냥 지나가는 게 없다. 치밀한 연출과 계획 속에서 콘텐츠가 만들어진다.

세상에 당연한 건 없다. 그들이 원래부터 이렇게 당연히 잘하는 사람, 당연히 유명해질 사람이어서 지금의 자리에 있는 게 아니다. 앞서가는 사람을 부러워만 하지 말고 어떻게 하면 그들의 장점을 배워 자신의 장점을 더 살릴 수 있을지 고민해봐야 한다.

조수용 카카오 공동대표는 끈기와 인내의 중요성을 이렇게 이야기한다. "버티면 좋은 아이디어와 콘셉트가 되는데 못 버티면 실패가 되죠." 어느 날 갑자기 찾아온 것처럼 보이는 성공도 결국 과거의 꾸준함이 낳은 결과인 것이다. 여러분도 하루아침에 성공할 수 있다. 물론 하루아침에 성공한다는 건 안일하게 느긋한 마음으로 현재에 안주하는 사람에게는 생길 수 없는 일이다. 세상에 이유 없이 '운'으로만 이뤄지는 성공은 거의 없다.

퍼스널 브랜딩이 먼저다

성공한 유튜버들이 자신의 사업을 일으켜 세우거나 자신만의 수익 모델을 만들 수 있었던 건 결국 퍼스널 브랜딩이 선제적으로 잘 이뤄졌기 때문이다. 이제 바야흐로 1인 1채널, 퍼스널 브랜딩의 시대가 왔다. 유튜브 채널의 경우 개인 혹은 중소기업이 할 수 있는 가장 빠르고 효과적인 브랜딩 도구이자 매개체다. 현재 많은 개인과 기업이 인스타그램 계정을 보유하고 있듯이 유튜브 또한 몇 년 안에는 인스타그램처럼 보편화될 것이라 예측된다. 이미 벌써 많은 소상공인, 중소기업, 대기업이 브랜딩과 마케팅 도구로 유튜브를 사용하고 있다.

그렇다면 왜 우리는 제품이나 서비스, 혹은 업체 그 자체를 브랜딩하기 위해 애써야 하는 걸가? 성공한 유튜버들은 어떻게 자신을 브랜드 삼아 사업까지 일으켜 세울 수 있었을까? 예를 들어 동네 카페 커피와 스타벅스 커피가 같은 원두를 쓴다고 해보자. 이 경우 분명 같은 제품이지만 브랜드의 유무로 가격이 달라진다. 브랜드는 제품이나 서비스를 구분하는 데 사용되는 이름과 로고, 패키지 디자인 등을 총칭하는 말인데, 대부분의 사람들은 커피빈과 스타벅스의 커피 맛을 구분하지 못하지만 각각 선호하는 브랜드가 따로 있다. 비슷한 가격대라면 주로 본인이 더 호감이 가는 브랜드를 찾게 될 것이다.

브랜드의 또 다른 특징은 그 가치를 아는 사람들이 스스로 찾아오게 하는 힘이 있다는 점이다. 그렇기 때문에 브랜딩 작업은 단순히 제

아마존의 창업자 제프 베조스. 그는 퍼스널 브랜딩을 "당신이 없는 방에서 다른 사람들이 당신에 대해서 말하는 것이다."라고 설명한다.

품이나 서비스를 파는 게 목적이 아니라, 어떤 하나의 가치를 사람들에게 각인시키는 데 있다. 내 유튜브 채널과 사업의 가치를 콘텐츠에 잘 담으면 그 가치를 알아봐주는 사람들이 자연스럽게 소비하게 된다. 브랜딩이 잘되었다면 굳이 제품과 서비스를 어필하기 위해 따로 불철주야 애쓸 필요가 없다.

아마존의 창업자 제프 베조스(Jeffrey Bezos)는 "당신이 없는 방에서 다른 사람들이 당신에 대해서 말하는 것이다."라는 말로 퍼스널 브랜딩을 설명했다. 주변 사람들은 과연 우리가 없을 때 어떤 이야기를 할까? 퍼스널 브랜딩은 한마디로 나의 존재 이유를 강화해 기억할 가치가 있는 사람으로 타인에게 각인시켜 세상에 긍정적인 영향력을 끼치는 것이다. 단순히 인지도 상승과 유명세보다는 기억할 가치가 있는 브랜드가 되도록 하는 것이 중요하다.

과거에는 퍼스널 브랜딩이 힘들었던 시절도 있었다. 말 그대로 각 분야에서 최고가 되어야만 인정받을 수 있었고, 최고가 아니라면 막대한 마케팅 비용을 들여야 했다. 그러나 이제 시대가 바뀌었다. 인터넷과 모바일의 발달로 유튜브를 통해 누구나 전 세계를 대상으로 활동할 수 있게 되었다. 즉 누구나 브랜드가 될 수 있다는 뜻이다. 자신이 활동하고 있는 분야에서 이름과 채널명을 대면 '아, 그 사람!' 하고 무릎을 칠 수 있을 정도의 인지도를 쌓는 게 더 중요하다. 단순히 인지도를 쌓는 게 아니라 유튜브 채널 자체가 브랜드가 되어야 향후 더 높은 가치 창출이 가능하며, 사업으로까지 성공이 이어질 수 있다. 반

유튜브 'ITSub잇섭' 채널. 그는 '언박싱 전문가'라는 자신만의 수식어를 어필했다.

드시 자신을 대표하는 카테고리나 수식어가 있어야 한다.

성공한 유튜버들은 모두 다 자신만의 수식어가 있다. 예를 들어 각종 전자기기를 소개하는 'ITSub잇섭' 채널은 '언박싱 전문가'라는 자신만의 수식어를 어필해 큰 사랑을 받고 있다. 언박싱이란 구매한 상품의 상자를 개봉하고 소개하는 과정을 일컫는 말로, 그는 언박싱 콘텐츠로 약 67만 명의 구독자를 모았다. 어떤 수식어가 이름 뒤에 따라붙고 싶은지 고민해보고, 선별해서 브랜딩에 힘쓰기 바란다. 단순한 인지도 상승과 유명세보다는 기억할 가치가 있는 브랜드가 되는 것이 중요하다는 걸 잊지 말고, 자신만의 가치를 사람들에게 널리 알리는 데 성공하기 바란다.

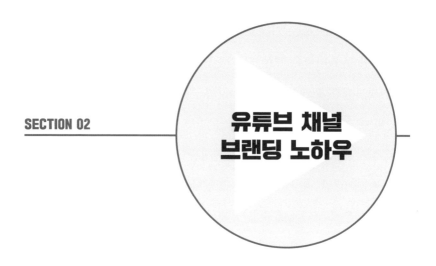

유튜브 채널 브랜딩 노하우

이번 섹션에서는 유튜브 채널을 브랜딩할 때 필수로 체크해야 하는 11가지 요소에 대해 설명하려 한다. 이 11가지는 가장 기본적인 사항으로, 채널을 방문하는 신규 유입자와 기존 구독자로 하여금 더욱 더 전문적으로 채널 운영이 잘되고 있다는 인식을 심어주기 위해 빼놓지 말아야 할 부분이다. 재방문 확률을 높이기 위해서라도 주먹구구식 운영을 접고 제대로 된 전략을 갖추고 채널을 운영해보자. 채널 브랜딩을 위한 11가지 핵심 요소를 통해 지금 본인에게 부족한 부분이 어떤 것인지 체크해보고, 찬찬히 보완해보기 바란다. 이제부터 설명할 사항들은 무엇 하나 중요하지 않은 게 없다.

채널 브랜딩을 위한 11가지 핵심 요소

'유튜브 스튜디오'에서 '설정', '채널'을 차례로 누르면 채널의 키워드를 입력할 수 있는 공간이 나온다.

1. 채널의 핵심 메시지

본인의 채널이 어떤 메시지를 전달하고자 하는지 분명해야 하며, 채널이 산으로 가는 일이 없어야 한다. 뒤죽박죽 이 분야 저 분야 여러 가지에 손대는 것보다 일관된 메시지를 전달하는 게 가장 기본이다. 따라서 본인 채널의 핵심 메시지 혹은 키워드가 명확하게 나와야 한다. '유튜브 스튜디오'에서 '설정', '채널'을 차례대로 누르면 채널의 키워드를 입력할 수 있는 공간이 나온다. 검색 시 자신의 채널이 해당 키워드에 걸릴 확률이 높아지므로 신중하게 입력하는 것이 좋다. 예를 들어 본인이 안경점을 운영하고 있다면 '안경', '안경테', '맞춤안경' 등 다양한 키워드를 고려해볼 수 있다.

2. 채널 아이콘

채널 아이콘이란 프로필 아이콘을 뜻하며, 가장 매력적으로 본인과 채널을 표현할 수 있는 사진 혹은 로고를 사용해야 한다.

3. 채널아트

채널아트는 채널의 방향성과 콘셉트에 맞춰 이미지를 제작하는 게 좋다. 정기적인 동영상 업로드 스케줄 등을 채널아트를 통해 공표할 수 있다. 채널아트만 깔끔하게 만들어도 시청자들의 신뢰를 얻어 구독률이 높아진다. 채널아트의 이상적인 사이즈는 픽셀(px) 기준으로 '2560×1440'이다.

'겨울서점'의 채널아트(위)와 '양띵'의 채널아트(아래)

4. 채널 설명

채널 설명은 처음 방문한 구독자들이 채널에 대해 알고 싶을 때 읽는 페이지다. 정확하고 간결하게 잘 적어놓을 필요가 있다.

5. 미리보기 이미지(썸네일)

일관성 있는 맞춤 미리보기 이미지, 즉 썸네일은 채널 브랜딩을 할 때 신뢰감을 주는 요소가 된다.

6. 채널 예고편(소개 동영상)

신규 유입자가 내 채널에 들어왔을 때 보게 되는 동영상으로 채널을 잘 드러낼 수 있게 찍으면 된다. 의외로 채널 소개 동영상이 마음에 들어 구독 버튼을 누르는 경우가 많다. 따로 소개 동영상을 찍고 싶지 않다면 가장 조회수와 반응이 좋았던 동영상을 게시하자. 참고로 재방문자에게 노출되는 동영상도 따로 설정 가능하다.

'최종화면'과 '카드'는 동영상 '세부정보' 오른쪽 하단을 클릭하면 설정할 수 있다.

7. 카드

시청자에게 추가적으로 동영상과 관련된 재생목록, 연관 동영상 등을 홍보할 수 있는 링크를 삽입할 수 있다.

8. 최종화면

동영상이 끝나기 20초 전부터 추가 가능하며, 관련 동영상 혹은 보여주고 싶은 동영상으로 클릭을 유도할 수 있다. 구독 유도 버튼 또한 추가할 수 있다.

9. 워터마크

워터마크는 동영상 오른쪽 하단에 노출된다.

모든 동영상에 설정 가능하며, 주로 채널의 상징이 되는 로고나 사진을 많이 사용한다. 워터마크의 이상적인 사이즈는 픽셀(px) 기준으로 '150×150' 혹은 '300×300'이다.

10. 재생목록

관련 콘텐츠 동영상들 혹은 시리즈 동영상들을 재생목록으로 묶게 되면 구독자 확보에 도움이 된다. 또한 보다 체계적으로 채널을 운영할 수 있다.

11. 맞춤 URL

나의 채널 주소는 'www.youtube.com/user/pinklybarbie'다. 하지만 처음 채널을 개설하면 URL이 굉장히 복잡한데, 일정 조건만 충족시키면 깔끔하게 변경할 수 있다. '맞춤 URL'은 '유튜브 스튜디오' 화면에서 '기타 기능', '상태 및 기능'을 누르면 변경 가능하다. 조건도 까다롭지 않다. 구독자 수 100명 이상, 채널 개설 후 최소 30일 경과, 채널 아이콘 이미지 업로드, 채널아트 업로드만 충족하면 된다.

'유튜브 스튜디오' 화면(왼쪽)에서 '기타 기능', '상태 및 기능'을 누르면 '맞춤 URL' 설정이 가능하다. 조건(오른쪽)은 까다롭지 않다.

나 자신부터 제대로 파악하자

퍼스널 브랜딩의 가장 기본은 채널을 운영하는 주체자(나 자신)부터 제대로 잘 알고 있어야 한다는 것이다. 함께 꾸준히 출연하는 멤버들이 있다면 그들까지 잘 파악해야 한다. 그래야 캐릭터 분석을 통해 해당 캐릭터를 어떻게 활용할지 체계적으로 전략을 짤 수 있다. 여기서 고려해야 되는 건 다음의 5가지다.

1. 실제 내 성격과 동영상에서 보이고자 하는 이미지 파악하기
2. 본인이 무엇을 좋아하고 관심 있어 하는지 파악하기
3. 내가 무엇을 잘하는지 파악하기
4. 채널과 동영상의 방향, 콘셉트 파악하기
5. 궁극적으로 무엇을 얻고자 하는지 파악하기

5가지 사항을 제대로 체크해야 어떤 분야에서 어떤 콘셉트의 콘텐츠로 승부할지 판가름이 난다. 이를 통해 어떤 타깃을 대상으로 동영상을 만들지 좀 더 구체화할 수 있다. 만일 5가지 물음 중 막히는 부분이 있다면 추가적으로 스스로에 대해 잘 알 수 있게 해주는 다음의 15가지 질문에 답을 달아보자. 그리고 본인에 대해 좀 더 알아가는 시간을 가졌으면 좋겠다. 자기 자신도 스스로를 잘 모르는 상태에서 남들에게 알아달라고 어필하는 건 억지일 뿐이다.

1. 당신을 웃게 만드는 것은 무엇인가?
2. 당신이 과거에 좋아하던 것들이 있다면 무엇인가?
3. 무엇을 할 때 시간이 가는지 모르고 즐거운가?

4. 어떤 걸 할 때 스스로 성취감과 만족감을 느끼는가?

5. 삶에서 영감을 받는 사람들이 있다면 누구인가?

6. 본인이 잘한다고 생각하는 것은 무엇인가?

7. 주변 사람들이 본인에게 주로 어떤 도움을 요청하는가?

8. 만약 당신이 무언가를 가르쳐야 한다면 어떤 게 좋겠는가?

9. 지금까지 살면서 후회하는 게 있다면 무엇인가?

10. 노인이 되었을 때 지금의 나에게 해주고 싶은 말은 무엇인가?

11. 당신이 살면서 가장 중요하게 생각하는 가치와 철학은 무엇인가?

12. 힘든 일이 있을 때 어떻게 극복했는가?

13. 당신의 가치와 철학을 담아 잘 표현할 수 있는 콘텐츠가 있다면 무엇인가?

14. 만약 당신의 이야기를 듣기 위해 사람들이 모였다면 어떤 메시지를 전달할 것인가?

15. 당신이 가진 재능과 열정을 다른 사람에게 전달하고자 한다면 어떤 식으로 전달하겠는가?

스스로를 잘 파악할 수 있게 해주는 이 15가지 물음은 티나 수 (Tina Su)의 칼럼에서 발췌했다. 그녀는 '치프 해피니스 오피서(CHO ; Chief Happiness Officer)'로 일하며 조직 구성원들의 결속 증진과 즐거운 분위기를 형성하는 일을 하고 있다. 그리고 추가적으로 추천하는 방법은 정확도가 매우 높은 MBTI(Myers-Briggs Type Indicator) 검

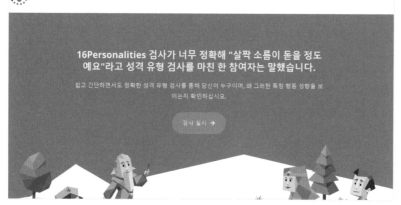

'16personalities' 홈페이지에서 간단하게 MBTI 검사를 할 수 있다.

사다. 문제 문항이 많고 시간이 오래 걸리는 기존 MBTI 검사와 달리 'www.16personalities.com/ko'에서 검사를 하면 10분 이내에 끝낼 수 있다. 자기 자신은 물론이고 함께 협업하는 멤버 개개인의 성향을 파악할 때 아주 도움이 되며, 서로의 다름을 알고 인정함으로써 불필요한 의견 충돌을 최소화할 수 있다. 각자의 개성을 살릴 캐릭터 고안도 수월해져 유튜브 채널 브랜딩에도 도움이 될 것이다.

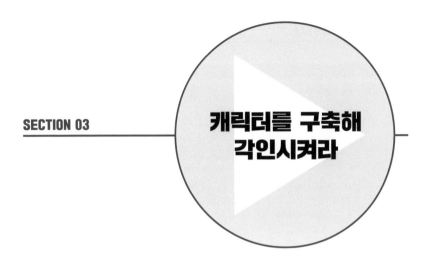

SECTION 03

캐릭터를 구축해 각인시켜라

누구나 닮고 싶고, 따라하고 싶고, 되고 싶은 롤모델이 있을 것이다. 나 역시 누군가의 좋은 점을 더 닮고 배우고 싶은 마음에 끊임없이 노력하고 있다. 특히나 유튜브 채널을 운영하는 경우에는 자연스럽게 '어떤 채널처럼 되고 싶다.', '어떤 유튜버처럼 나도 비슷한 주제의 콘텐츠를 만들고 싶다.', '이 유튜버 진짜 괜찮다.' 등의 생각이 들기 마련이다. 누군가를 롤모델로 삼는다는 건 상대의 '캐릭터'에 반했다는 뜻이기도 하다. 이번 섹션에서 다룰 주제는 롤모델의 캐릭터를 분석하고 벤치마킹하는 팁에 대한 이야기다. 캐릭터를 잘 구축해 콘텐츠에 녹여내면 좀 더 수월하게 구독자를 모을 수 있다.

롤모델을 분석하자

성공적인 벤치마킹을 위해서는 우선 롤모델을 철저히 분석하고 공부해야 한다. 다음의 3가지 방법들은 내가 실제로 롤모델을 닮고자 노력할 때 사용했던 방법들이다. 참고로 벤치마킹은 벤치마킹일 뿐 결코 '도용'으로 이어져서는 안 된다. 성공한 유튜버의 캐릭터를 그대로 따라한다면 수많은 아류 중 하나로 전락할 것이다.

1. 해당 유튜브 채널의 변천사를 분석한다

해당 유튜브 채널에 올라온 가장 첫 번째 동영상부터 시작해 최근까지 거슬러 올라오면 그 변천사를 알 수 있다. 어떤 동영상으로 큰 사랑을 받았고, 정기적으로 무슨 요일과 어떤 시간대에 업로드했고, 평균 몇 분짜리 동영상을 제작했는지 등 살펴볼 부분은 많다. 썸네일 사진부터 제목, 동영상 하단의 설명글까지 하나하나 꼼꼼히 살펴보는 게 좋다.

2. 직접 만나서 그들의 이야기를 듣는다

'백문이 불여일견'이라는 말이 있다. 롤모델의 오프라인 강의가 있거나 팬미팅이 있다면 직접 찾아가서 이야기를 들어보자. 속사정까지 속속들이 알 수는 없어도 중요한 인사이트를 얻게 될 것이다.

따라하면 매출이 따라오는 유튜브 마케팅

3. 유튜브 운영 컨설팅 및 코칭을 받는다

롤모델로부터 컨설팅 및 코칭을 받을 수 있는 기회가 있다면 그들의 채널 운영 노하우와 시스템을 가장 빠르게 배울 수 있을 것이다. 주의해야 할 점은 아무런 준비 없이 무턱대고 찾아가면 안 된다는 것이다. 충분히 스스로 연구하고 분석한 뒤 본인에게 부족한 점이 무엇인지 제대로 알고 찾아가는 게 좋다. 컨설팅 및 코칭 시간은 제한적이기 때문에 자기 자신이 무엇을 모르는지도 모르는 상태에서 찾아가면 빈손으로 돌아오게 될 수 있다.

추가적으로 아직 특별히 닮고 싶은 유튜버나 채널이 없는 사람들을 위해 롤모델을 찾는 방법에 대해서도 이야기해보겠다. 우선 본인이 운영하고자 하는 채널과 방향성이 비슷한 유튜버 중 가장 사랑받는 이들을 5명 정도 찾아본다. 그리고 자신과 비슷한 시기에 유튜브를 시작한 사람도 5명 정도 찾는다. 우리나라 사람뿐만 아니라 외국 유튜버의 사례까지 포괄적으로 분석하는 게 좋다. 나의 경우 영어권을 넘어 인도 유튜버의 동영상까지 찾아서 공부했다.

내가 개인적으로 롤모델로 삼아 도움을 받았던 이들을 몇 명 소개하자면 다음과 같다. 우선 'Lavendaire' 채널은 중국계 미국인 '에일린 쉬(Aileen Xu)'가 운영하는 채널로, 주로 자기계발, 라이프 스타일 공유 등의 콘텐츠를 제작한다. 나는 콘텐츠를 기획할 때 그녀에게 많은 영감을 얻었다. 전 세계 10~30대 여성들이 매년 그녀가 만드는 자기계

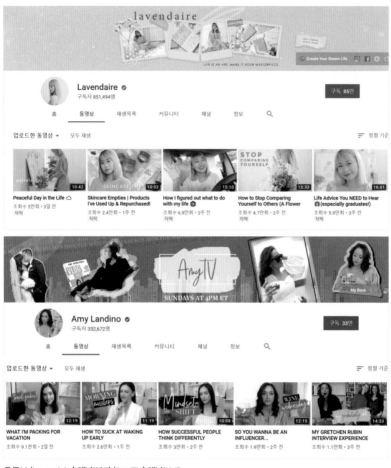

유튜브 'Lavendaire' 채널(위)과 'AmyTV' 채널(아래)

발 다이어리를 주문해 함께 외면과 내면을 아름답고 조화롭게 가꿔나 가는 모습이 참 인상 깊었다.

　그다음으로 추천하는 채널은 '에이미 란디노(Amy Ladino)'의 'AmyTV' 채널이다. 그녀는 유튜버이자 작가로, 그녀를 통해 나 역시

작가로서 저변을 넓히고 싶다는 꿈을 꾸게 되었다. 그녀가 쓴 베스트셀러 『Vlog Like a Boss』는 모든 독자들에게 브이로그를 찍고 유튜브를 시작하라고 용기를 불러일으킨다. 하지만 그녀의 책에는 본인의 사업 모델 구축 및 마케팅 노하우에 대한 이론이 빠져 있었고, 아쉬움이 컸던 나는 그녀가 공개하지 않은 부분을 직접 다루기 위해 본격적으로 집필에 뛰어들었다.

자신만의 캐릭터를 구축하자

롤모델을 분석하고 그들의 장점을 자신의 것으로 만들 준비가 되었다면, 이제부터는 구체적으로 동영상에서 드러내고자 하는 자신의 이미지를 구축해야 한다. 시각화된 자료를 바탕으로 방향을 정하면 좋은데, 닮고자 하는 연예인, 유튜버, 영화 속 캐릭터, 색깔, 단어, 문구, 물건 등 소재는 무궁무진하다. 자신에게 영감을 주는 요소들을 모아 종합하면 스스로가 어떤 취향과 스타일을 가지고 있는지 좀 더 명료하게 파악할 수 있다.

자신의 캐릭터를 구체적으로 시각화할 수 있는 자료가 있다면 도움이 된다. 예를 들어 나는 금발의 바비 인형을 바탕으로 캐릭터를 구축했다. 다음의 물음에 답을 달면서 어떤 캐릭터를 구축해나갈 것인지 고민해보자.

자신의 캐릭터를 구체적으로 시각화할 수 있는 자료가 있다면 도움이 된다. 나는 금발의 바비 인형을 바탕으로 캐릭터를 구축했다.

1. 내가 닮고 싶은 캐릭터는 무엇인가?

2. 이 캐릭터가 마음에 드는 이유는 무엇인가?

3. 해당 캐릭터를 생각하면 떠오르는 키워드는 무엇인가?

4. 이 캐릭터에 국한되지 않는 차별화 전략이 있는가?

5. 이 캐릭터를 좋아할 타깃층은 누구인가?

6. 이 캐릭터를 통해 표현할 콘텐츠는 무엇인가?

나는 바비 인형을 바탕으로 '핑클리바비(pinklybarbie)'라는 나만의 캐릭터를 구축해 사업에도 적용시키고 있다. 위의 물음에 대한 나의 답을 차례대로 정리하면, 우선 내가 닮고자 하는 캐릭터는 영화 〈금발이 너무해)의 여주인공 엘 우즈(Al Woods)였다. 해당 캐릭터가 마음에 들었던 이유는 많은 사람들에게 사랑을 받고, 또 그 사랑을 나누는 그녀의 모습에 반해서였다. 그녀는 하버드대학교 로스쿨 입학과 수석 졸업이라는 자신의 목표를 훌륭히 이뤄냈고, 아무리 힘들어도 스스로 세운 목표를 의심하거나 흔들리지 않았다. 또한 남녀노소 누구에게나 친절하고 상냥했으며, 당당히 인정받는 커리어우먼이라는 점이 끌렸다.

엘 우즈를 보면 사랑스러운 핑크색과 싱그러운 에너지가 연상되었다. 나는 단순히 이 캐릭터에 국한되지 않고 바비 인형을 접목시켜 차별화했다. '핑클리바비'라는 캐릭터를 좋아할 만한 타깃층은 10대 후반부터 30대 후반까지의 젊은 여성들이라고 생각했고, 그래서 콘텐츠의 방향과 색깔도 그들에게 맞췄다. 또한 해당 캐릭터를 바탕으로 다이어트와 메디컬 뷰티 관련 콘텐츠를 만들어냈다.

무엇보다 중요한 건 차별화다. 동종업계 혹은 비슷한 콘텐츠를 운영하는 유튜버들 중에서 스스로가 어떻게 좀 더 매력적인 사람으로 보일 수 있을지 끊임없이 연구해야 한다. 사람들로 하여금 나를 필요로 하게 만들 '매력'이 있어야 하는데, 이를 전문가들은 USP(Unique Selling Point)라고 한다. 독특하면서도 잘 팔리는 시장성 있는 캐릭터를 구축해야 한다는 뜻이다. 너무 진부해서 다른 캐릭터에 묻혀도 안 되고, 너무 과하게 독창적이어서 대중성을 놓쳐서도 안 된다.

내가 바비 인형에서 영감을 얻었듯이 유튜버 '킴닥스'는 디즈니 인

유튜버 '킴닥스'의 디즈니 관련 콘텐츠. USP의 좋은 사례라 할 수 있다.

물들에게서 영감을 얻었다. 내가 좋아하는 유튜버이자 영화감독으로

활동 중인 그녀는 '디즈니'라는 콘셉트를 뷰티 콘텐츠와 잘 연계해 많

은 호응을 얻었다. 더 나아가 한국판 디즈니 웹무비까지 만들어 큰 사

랑을 받았다. USP의 좋은 사례라 할 수 있다.

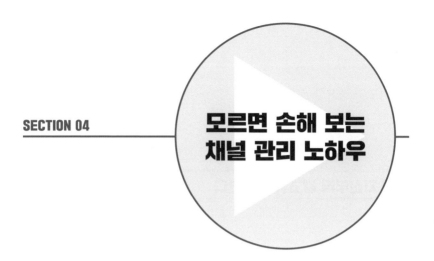

SECTION 04

모르면 손해 보는
채널 관리 노하우

현재 유튜브 채널을 운영하고 있거나 혹은 앞으로 운영할 예정이라면 마인드부터 점검할 필요가 있다. 다소 건방지다고 생각할 수도 있지만 자기 자신을 공인이라 생각하고 행동하는 것이다. 앞으로 장기간 꾸준히 채널을 운영해나갈 예정이라면 반드시 그렇게 생각하고 사는 게 좋다. 이는 공인으로서 특혜나 혜택을 바라라는 뜻이 아니다. 그만큼 철저하게 자기관리를 해야 한다는 의미다. 채널 관리 노하우를 배우기에 앞서 자기 자신을 돌아볼 필요가 있다.

동영상의 특성을 잘 이해하고 있다면 왜 자기관리를 강조하는지 알 것이다. 동영상은 시청각 미디어이다 보니 내면보다는 겉으로 보이는 이미지가 중요하다. 연예인들처럼 유튜버들 또한 이미지메이킹은 물론이고, 외모 관리도 철저히 해야 한다. 물론 콘텐츠의 방향에 따라 달라지겠지만 대부분은 화면에 스스로가 노출되어야 하므로 호감 가는 외모가 중요할 수밖에 없다.

자기 자신부터 갈고닦아야 한다

처음 내 채널을 접한 시청자들은 나라는 유튜버에 대해 아는 게 없다. 그렇기 때문에 내 안에 잠재된 재능과 능력, 그리고 숨겨진 매력을 알지 못하고 알 수도 없다. 그러니 자기 자신을 긍정적으로 어필하기 위해서는 첫인상이 대단히 중요하다. 첫인상이 나쁜 사람의 콘텐츠는 아무리 화려하고 매력적이어도 잘 보지 않게 된다.

따라서 이미지메이킹을 위해 외모 관리를 해야 하며, 냉정하게 들릴 수 있지만 겉모습에서 호감을 사지 못하면 경쟁에서 뒤처질 수밖에 없다. 콘텐츠를 촬영할 때는 적당히 외모에 신경 쓰는 게 아니라 평소보다 정말 많이 신경 써야 한다. 콘텐츠에 따라 달라지지만 메이크업을 철저히 하고, 화장에 자신 없는 남자라면 하다못해 옷이라도 깔끔하게 차려입어야 한다. 단순히 외모가 중요하다는 게 아니라, 외모를 가꿈으로써 자신감을 기르라는 뜻이다. 나 역시 평소 동영상을 찍지 않는 날에는 피부 관리를 위해 맨얼굴을 선호하고, 편한 복장을 좋아한다. 하지만 동영상을 찍는 날에는 최대한 공을 들여 메이크업에 신경 쓰고, 옷차림은 물론 작은 장신구 하나까지 세세히 챙긴다.

예쁘고 멋지게 꾸미는 걸 넘어 외모를 통해 자신이 이 채널로 보여주고자 하는 이미지를 드러내야 한다. 원하는 이미지에 가깝게 메이크업을 하고, 헤어스타일과 패션, 말투, 행동 등 여러모로 신경 써야 한다. 현실의 본인과 유튜브 캐릭터 간의 차이가 너무 크면 문제가 될 수 있지만, 동영상을 촬영할 때만큼은 달라져야 한다. 가식을 부리라는 의미가 아니다. 프로의 마음가짐을 가지라는 것이다.

나는 본래 낯가림이 심하고 내성적인 성격이다. 그렇지만 동영상에서는 전혀 그런 티를 내지 않으려고 노력한다. 또한 다이어트가 심벌 콘텐츠이기 때문에 외적인 부분을 신경 쓰지 않을 수가 없다. 나부터 더 자기관리를 철저히 하고, 저녁 6시 이후에는 음식을 입에 대지 않는 습관을 몸에 익혀 실천하고 있다. 야식과 술도 멀리한다. '나부터 똑바로 생활하지 않으면 다른 분들에게 긍정적인 영향을 미칠 수 없다.'라는 생각을 모토로, 언행일치의 삶을 살기 위해 노력한다. 누가 보든 말든 먼저 솔선수범해야 다른 이들에게 신뢰를 얻을 수 있다는 생각 때문이다. 이건 비단 다이어트라는 콘텐츠 때문만은 아니다. 가령 먹방 콘텐츠가 주력인 유튜버 '벤쯔'는 먹는 양이 어마어마하지만 체중 유지를 위해 하루에 운동만 5시간을 한다고 한다. 부단한 자기관리를 통해 건강을 해치지 않고 꾸준히 방송을 하고 있는 것이다.

그렇다면 성공적인 채널 관리를 위해 외모 외에 또 어떤 부분을 신경 써야 할까?

1. 마인드컨트롤

공인처럼 살라고 해서 '연예인병'에 걸리면 안 된다. 운이 좋아 구독자가 늘고 일이 잘 풀릴 수 있다. 하지만 그럴수록 이전보다 배로 더 겸손해야 한다. 그리고 때로는 이유 없는 악플이 달릴 때도 있는데 그때마다 의연하게 대처할 필요가 있다. 공연히 악플에 마음과 시간을 쏟는다면 악플러가 의도한 대로 흘러갈 뿐이다.

2. 시간관리

유튜브 채널을 운영하게 되면 생각보다 시간이 정말 많이 소요된다. 전업 유튜버가 아닌 이상 더더욱 없는 시간을 쪼개서 콘텐츠를 만들어야 한다. 따라서 시간 관리가 굉장히 중요한데, 동영상 콘텐츠를 올리는 날짜와 시간을 정해서 마감 시간에 맞춰 업로드하는 습관을 길러야 한다. 동영상 기획부터 촬영, 편집, 사후 관리 등 모든 과정을 습관화하는 게 좋다.

3. 재무관리

금전적인 부분도 관리가 필요하다. 유튜브를 시작하면 헛돈을 쓰기 쉽다. 필요 이상으로 고가의 장비를 구입하거나, 브이로그 촬영을 위해 비싼 장소를 대여하거나, 리뷰 콘텐츠를 위해 일부러 고가의 제품을 사기도 한다. 하지만 인기 동영상을 살펴보면 알겠지만 돈을 많이 써서 조회수가 높은 것이 아니다. 본인의 예산 범위 내에서 알뜰하게 잘 소비하는 게 중요하다. 무작정 아끼는 게 능사는 아니지만 최소한 계획을 세워서 투자하는 것을 추천한다.

4. 언행 관리

　말과 행동은 받아들여지는 사람에 따라 아 다르고 어 다를 수 있다. 방송 중에 오해를 사지 않도록 평소 언행 관리에 신중을 기해야 한다. 그리고 채널이 성장하면서 자연스레 동영상 밖의 일상이 노출되는 경우도 많아지기 때문에 조심할 필요가 있다. '그럼 너무 피곤하게 사는 거 아닌가요?'라는 의문이 들 수 있지만 애초에 굳이 유튜버가 아니더라도 누구나 말과 행동은 조심해야 한다. 누군가에게 스스로를 드러내야 하는 유튜버는 다른 사람들에게 본이 될 수도 있고 나쁜 영향을 미칠 수도 있다. 선한 영향력을 줄 수 있는 좋은 사람이 되기 위한 노력을 게을리하지 말아야 한다.

5. 공부하고, 또 공부하자

　본인의 콘텐츠와 관련된 이슈나 최신 동향, 트렌드 변화에 발 빠르게 움직이려면 반드시 공부해야 한다. 동영상을 보는 시청자는 앞으로 점점 더 양질의 콘텐츠를 갈구할 것이다. 유튜버가 적어도 자신보다 더 전문가이기를 바라는 건 당연하다. 그들의 기대치에 어긋나지 않기 위해서라도 늘 공부하는 습관을 들여야 한다. 물론 다소 부족하고 어리숙한 모습도 매력적으로 보일 수 있지만 한 가지 매력만으로는 채널을 장기간 성공적으로 이끌 수 없다. 반드시 발전하는 모습을 보여야 구독자들도 떠나지 않는다.

나는 다이어트 콘텐츠를 만들 때 우리나라의 자료뿐만 아니라 해외의 기사, 심지어 의학 논문까지 분석한다. 최소한 자기 분야에 이 정도 열의는 있어야 시청자의 마음을 움직일 수 있다. 끝으로 외국어 공부는 이제 선택이 아닌 필수가 되었다. 적어도 영어, 더 나아가 중국어 등 제2외국어까지 준비한다면 큰 도움이 될 것이다. 최근에는 번역을 따로 맡기는 경우가 많지만 스스로 어느 정도 알고 번역을 맡기는 것과 그냥 모든 걸 다 의지하는 건 다르다. 마케팅 효과를 높이기 위해서라도 최소한 영어 공부만큼은 필수적으로 시작하기 바란다. "영어를 전혀 몰라도 사람들이 알 수 있는 콘텐츠를 만들면 되지 않나요?"라고 물을 수 있지만, 남들보다 조금이라도 더 앞서가고 싶다면 자신의 강점을 하나라도 늘리는 게 유리하다.

시청자들이 열광하는 채널은 따로 있다

동영상을 찍는 사람이 재미를 느끼지 못하면 동영상을 보는 사람도 마찬가지로 재미가 없다. 유튜버가 의무감으로 마치 숙제를 해결하듯이 콘텐츠를 찍으면 보는 시청자들 역시 재미를 느끼지 못한다. 그렇기 때문에 내 동영상을 보는 시청자들이 계속해서 재미를 느끼고 열

따라하면 매출이 따라오는 유튜브 마케팅

광하게 만들고 싶다면 우선 나부터 더 열정적으로 재미있게 동영상 제작에 임해야 한다. 나 역시 동영상만 올리면 구독자들이 우수수 떨어지던 시절이 있었다. 당시에 구독자 이탈률이 크게 올라 걱정이 이만저만이 아니었다. 그래서 원점으로 돌아가 문제점을 분석했고, 나 자신이 어느 순간부터 즐거움을 느끼지 못하고 있다는 걸 깨달았다. 나도 모르게 유튜브 채널을 의무감에 운영하고 있었던 것이다. 유튜브 마케팅으로 사업을 성장시켜야 한다는 강박관념이 원인이었다.

동영상을 찍고, 편집하고, 업로드하고, 구독자들과 소통하는 그 자체만으로도 즐거웠던 시절을 떠올렸다. 그때의 초심을 되찾아야겠다 싶어 과거의 동영상을 다시 찬찬히 모니터링했다. 그렇게 초심을 찾게 되자 다시 구독자 이탈률이 줄어드는 신기한 현상을 겪었다. 내 채널의 첫 번째 팬이자 구독자인 나 자신이 즐겁고 행복해야 시청자들도 즐거움을 느낀다는 걸 깨닫는 순간이었다.

그렇다면 즐겁게 채널을 운영하고 있음에도 불구하고 구독자 수가 늘지 않는다면 무엇이 잘못된 걸까? 다음의 4가지 팁을 통해 채널을 관리하고, 구독자 수를 늘려보자.

1. 본인만의 시그니처 멘트, 제스처 만들기

스스로의 존재감을 드러내는 방법 중 가장 쉬우면서 효과적인 방법은 인트로 또는 아웃트로 때 자신만의 멘트, 제스처를 사용하는 것이다. 억지 유행어를 만들기 위한 작위적인 멘트는 거부감을 줄 수 있지만, 자연스럽고 재미있으면 사람들의 기억 속에 오래도록 각인될 수 있다.

2. 프로필, 채널아트 이미지 만들기

채널아트도 채널아트지만 특히 프로필 사진이 정말 중요하다. 채널의 콘셉트에 따라 달라지겠지만 실사 사진을 쓸 수도 있고 캐릭터 이미지를 쓸 수도 있다. 유튜브라는 거대 시장에서 자신의 채널을 브랜딩하기 위해서는 프로필과 채널아트도 꼼꼼히 챙겨야 한다. 캐릭터 분석이 중요하다고 강조한 이유가 여기에 있다. 스스로의 캐릭터를 잘 모르면 어울릴 만한 프로필과 채널아트도 만들 수 없다.

강사랑BarbieWorld
구독자 36,404명 · 동영상 152개
바비월드에 오신 여러분 진심으로 환영 합니다♥
바비월드(구:모질샵) 대표, 유튜브마케팅스쿨(유마

도티 TV ✔
구독자 2,523,872명 · 동영상 3,164개
With SANDBOX Network* ▷ 인스타그램(@ddotty.heesun) :
https://www.instagram.com/ddotty.heesun 채널을 구독 하

프로필에 실사 사진을 사용한 사례(위)와 캐릭터 이미지를 사용한 사례(아래)

3. 채널 네이밍

모든 이름에는 의미가 있다. 채널 네이밍은 퍼스널 브랜딩의 초석이자, 앞으로 계속해서 대중에게 어필해야 할 고유한 명칭이기 때문에 자신의 색깔이 잘 드러나는 이름이 좋다. 또한 기존에 쓰지 않았던 독창적인 단어를 쓸 수도 있다. 뷰티 유튜버로 유명한 'lamuqe'의 경우에도 '라뮤끄'라는 단어 자체를 아무도 사용하지 않았고, 해시태그를 검색해도 나오는 게 없어서 사용하기 시작했다고 한다. 본인이 만든 독특한 이름을 바탕으로 지금은 다방면으로 활발히 활동하고 있다.

4. 구독자 이탈률 최소화하기

채널을 운영할 때 구독률을 높이는 것도 중요하지만 구독자 이탈률 역시 관심을 기울여야 한다. 단기적으로는 일단 구독자 수가 늘어나는 게 더 중요해 보이지만, 장기적으로는 구독자들이 빠져나가지 않고 꾸준히 채널에 머무르면서 동영상을 계속해서 시청해주는 게 더 중요하다. 그렇다면 이탈자를 최소화하기 위해서는 어떻게 해야 할까?

앞에서도 강조했지만 기존 구독자들의 니즈와 취향을 잘 파악해서 양질의 콘텐츠를 지속적으로 만들어내야 구독자 이탈률을 줄일 수 있다. 기존의 구독자들을 바탕으로 입지를 다지고, 그들을 계속 만족시켜 충성팬으로 만들어야 꾸준히 성장할 수 있다. 그러니 '크리에이터 스튜디오'에 들어가서 꾸준히 채널과 구독자 동향을 분석하기 바란다.

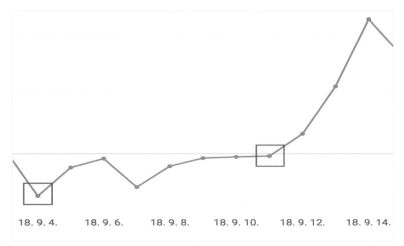

| 18. 9. 4. | 18. 9. 6. | 18. 9. 8. | 18. 9. 10. | 18. 9. 12. | 18. 9. 14. |

새로운 콘텐츠를 업로드했을 때(2018년 9월 4일)와 기존 콘텐츠를 업로드 했을 때(2018년 9월 11일)의 구독자 수 추이

나는 한때 개인적인 사정으로 유튜브를 6개월 정도 쉬었다가 다시 시작했던 적이 있다. 복귀할 때 처음 올린 콘텐츠는 기존의 다이어트 콘셉트가 아닌 성형이라는 새로운 주제였다. 많은 사람들이 관심 있는 콘텐츠였음에도 불구하고 올리자마자 구독자가 우수수 떨어져 크게 당황했던 기억이 있다. 어떤 문제점이 있었던 건지 파악해야 했고, 나는 기존 구독자들의 '실망감' 때문에 구독자 이탈률이 늘어났다는 결론을 내렸다. '오랜만에 동영상을 업로드했는데 다이어트 콘텐츠가 아니네? 이제 내가 더 얻어갈 게 없겠구나.'라고 생각한 기존 구독자들이 대거 이탈한 것이다. 그래서 그들이 원하는 다이어트 콘텐츠를 다시 빠르게 준비해서 올리니 구독률이 상승하기 시작했다.

구독자 수가 우수수 떨어질 때는 문제점을 빨리 파악하는 게 급선

무다. 무턱대고 '그냥 꾸준히 동영상을 올리면 되겠지?'라는 안일한 생각으로 접근하면 채널 관리가 어려워질 수 있다. 우리가 유튜브를 하는 이유는 콘텐츠를 다수의 시청자들에게 노출시키기 위해서다. 시청자들은 유튜브 메인의 '홈', '인기', '구독'을 통해 가장 많이 유입된다. 구독을 눌러야만 노출되는 '구독'은 차치

시청자들은 유튜브 메인의 '홈', '인기', '구독'을 통해 가장 많이 유입된다.

하더라도 나머지 두 곳은 철저한 전략을 바탕으로 시청자들의 피드백에 민감하게 반응해야 노출이 가능한 곳이다. 그러므로 가장 가까운 구독자들의 마음부터 만족시켜야 한다. 평소 트렌드 분석과 시장 동향 조사를 게을리하지 않았다면 위기가 닥쳐와도 빠르게 극복할 수 있을 것이다.

SECTION 05

당신의 채널이 성장하지 못하는 이유

나름대로 꾸준히 동영상을 올리고 있고, 부단히 노력하는데 마케팅 성과가 미미하다면 어떻게 해야 할까? 유튜브 채널의 성장 속도가 더디다면 스스로 어떤 문제점이 있는지 돌아볼 필요가 있다. 채널이 정체된 유튜버들이 가진 가장 대표적인 문제점은 '개성'이 없다는 것이다. 기존 유튜버들과 별다를 것 없이 비슷비슷한 스타일로 콘텐츠를 만들기 때문에 묻혀버리는 것이다.

이미 자리를 잡은 유튜버들과 다른 독특한 자신만의 개성이 없다면 영원히 후발주자일 수밖에 없다. "내 채널의 콘셉트는 뭐지?"라는 물음에 대한 답변이 바로 떠오르지 않는다면 초심으로 돌아가 원점에서 시작해야 한다. 만일 '나는 충분히 독창적이고 기존에 없던 차별화된 콘셉트다.'라는 생각이 든다면 다음의 7가지 문제점 중 해당되는 게 없는지 체크해보자.

1. 재능과 강점을 콘텐츠로 잘 살리지 못했다

채널 성장이 미진하다면 본인의 재능과 강점을 콘텐츠로 잘 승화시켰는지 되돌아보자. 또한 자기 자신의 재능과 강점을 분석하고, 어떻게 하면 더 잘 살릴 수 있을지 고민해봐야 한다. 주변 사람들이 평소 나에게 자주 물어보거나, 종종 도움을 청해오는 분야가 있었다면 어떤 것인지 떠올려보자. 나에게는 주로 다이어트, 유튜브 채널 운영, 사업 아이템 조언, 성형 및 시술 조언, 영어 공부 방법 등에 대한 질문이 많이 들어왔다. 이렇게 역으로 사람들이 자주 묻는 분야가 나 자신의 재능이자 강점이라는 걸 떠올리면 훨씬 수월하게 콘텐츠를 만들 수 있다.

2. 콘텐츠들이 조화를 이루지 못한다

앞서 이야기한 콘텐츠의 3요소(메인 콘텐츠, 서브 콘텐츠, 히로 콘텐츠)가 서로 너무 동떨어져 있거나 조화를 이루지 못하고 있는 건 아닌지도 점검해봐야 한다. 만일 이도 저도 아닌 콘셉트의 동영상을 아무런 순서나 비중 배분 없이 마구잡이로 올렸다면 구독자 전환율이 낮을 수밖에 없다. 채널의 색깔과 방향을 사전에 치밀히 정해두고 계획대로 콘텐츠를 만드는 습관을 들여야 한다.

3. 진정성 없는 홍보 동영상

보는 이로 하여금 소위 '낚시'라는 생각이 드는 진정성 없는 동영상은 홍보에 악영향만 주게 된다. 화제성에만 초점을 맞춰 콘텐츠를 만들면 구독자들의 반감을 살 수 있다.

4. 객관적인 눈을 잃었다

개인 채널이기 때문에 주관적일 수밖에 없는 부분도 있지만, 냉정하게 자신의 채널을 객관적인 눈으로 바라볼 필요도 있다. 가까운 친구나 가족 혹은 전문가에게 피드백을 받고 정기적으로 채널의 상태를 점검해야 한다. 나도 한때 객관성을 잃고 흔들렸던 적이 있다. 하지만 문제 상황을 회피하지 말고 정면 돌파한다면 어떤 문제든 반드시 해결할 수 있다. 그렇기 때문에 당장 채널이 사랑받지 못한다고 해서 좌절하거나 기죽을 필요는 전혀 없다.

5. 거짓 정보에 흔들리며, 문제점을 부정한다

단순히 이렇게 하면 구독자가 많이 늘었다더라 식의 거짓 정보에 흔들려 마구잡이로 시도하기보다는 스스로의 채널과 동영상의 근본적인 문제점을 먼저 파악해야 한다. 동시에 자신의 이미지를 개선하고 변화시켜 구독자의 니즈를 충족시켜야 한다. 물론 쉬운 일은 아니다. 쉽지 않기 때문에 근본적인 문제는 자꾸 뒤로 미뤄두고 쉬운 해결 방법만 찾게 된다. 그 과정에서 근본적인 문제점을 부정하고 다른 요인을 탓하고는 한다. 가령 카메라 탓, 조명 탓, 도와주는 사람 없이 혼자여서 그렇다는 등 자꾸만 여건과 상황을 탓하고 다른 부분에서 잘못을 찾으려고 하면 문제만 커진다.

능동적으로 근본적인 문제부터 정확하게 파악하고 개선해야 발전이 있다. 암이 몸속에 크게 자리 잡았다면 수술을 통해 도려내고 필요에 따라 항암 치료 등을 받아야 한다. 그런데 당장 수술과 치료가 무섭다고 해서 외면하면 어떻게 될까? 뒤늦게 암 예방에 좋다는 영양제들을 챙겨먹고, 건강에 좋다는 음식을 만들어 먹어도 근본적인 문제는 해결되지 않는다.

6. 고정팬이 없다

꾸준히 채널이 성장하고 사업까지 성장하려면 내 채널의 동영상을 고정적으로 시청해주는 구독자들, 즉 충성팬이 있어야 한다. 반드시 충성팬이 있어야만 채널이 성공할 수 있는 건 아니지만 성장하지 못하는 채널은 대부분 충성팬이 없는 경우가 많다. 충성팬은 하루아침에 갑자기 생기지 않는다. 꾸준한 소통과 양질의 콘텐츠를 통해 자신을 무조건적으로 지지해주고 좋아해주는 충성팬을 만들어야 한다.

7. 뒷심이 부족하다

우연히 내 동영상을 본 시청자가 단순 유입에서 끝나지 않고 구독까지 누르게 하려면 어떻게 해야 할까? 불특정 다수의 시청자를 내 채널의 구독자로 만들려면 마지막 회심의 한방이 필요하다. 자신만의 강점을 극대화시켜 사람들이 해당 콘텐츠를 떠올릴 때마다 자연스럽게 내 채널에 찾아올 수 있게 만들어야 한다.

꾸준함도 실력이다

일반적인 마케팅에서는 결과, 즉 성과가 매우 중요하지만 유튜브 마케팅은 과정 또한 놓쳐서는 안 된다. 왜냐하면 중간 과정을 다 건너뛰고 엄청난 성과만을 바라는 건 유튜브 플랫폼의 특성상 불가능하기 때문이다. 꼼수나 잔기술로는 절대 장기간 채널을 운영할 수 없다. 어쩌다 운이 좋아 아주 우연한 계기로라도 조회수가 반짝 올랐다고 해서 우쭐해지면 안 된다. 동영상 하나가 많은 사랑을 받아도 지속적으로 후속타를 처내지 못하면 금세 잊혀지게 될 것이다. 우연히 동영상을 보게 된 시청자들을 구독자로 만들려면 양질의 콘텐츠가 지속적으로 올라와야 한다. 그래서 '제발 하나만 터져라.'라는 식의 안일한 마음으로는 장기간 성과를 낼 수 없다.

그럼 어떻게 하면 본인의 채널에 어울리는 콘텐츠를 지속적으로 만들어낼 수 있을까? 가장 중요한 건 꾸준함, 즉 성실함이다. 꾸준하게 지속적으로 콘텐츠를 만들어 선보이는 성실함이 성공한 유튜버의 가장 중요한 조건이다.

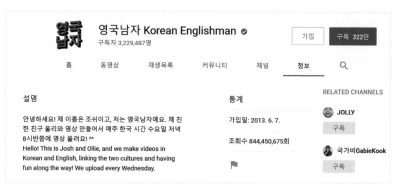

설명

안녕하세요! 제 이름은 조쉬이고, 저는 영국남자예요. 제 친한 친구 올리와 영상 만들어서 매주 한국 시간 수요일 저녁 8시반쯤에 영상 올려요! ^^
Hello! This is Josh and Ollie, and we make videos in Korean and English, linking the two cultures and having fun along the way! We upload every Wednesday.

통계

가입일: 2013. 6. 7.

조회수 844,450,675회

유튜브 '영국남자 Korean Englishman' 채널은 매주 수요일 저녁 8시 30분 정도에 콘텐츠를 업로드한다.

하나의 동영상을 만들기까지 얼마큼의 시간이 소요될까? 유튜버가 되면 기획, 제작, 편집, 업로드, 피드백 등 일련의 과정을 계속 반복하게 된다. 여기서 유튜버의 '성실함'이 드러나는 대목은 바로 동영상 업로드 날짜다. 예를 들어 업로드 주기가 일주일에 1회라면 보통 어느 요일, 몇 시쯤 올릴 것인지 구독자들에게 공지하게 된다. 이 공지를 잘 지키지 못하거나, 한 달에 1회 혹은 분기에 1회 등 업로드 주기가 너무 늘어지면 성실하지 못하다는 평가를 받는다. 시청자는 꾸준히 올라오는 콘텐츠를 보기 위해 구독을 하는 것이다. 불규칙적이고 업로드 주기가 느리다면 구독을 유지할 이유가 사라진다. 유튜브 '영국남자 Korean Englishman' 채널은 매주 1회 수요일 저녁 8시 30분 정도에 콘텐츠를 업로드한다. 10분 이상의 퀄리티 높은 동영상이 매주 올라오니 시청자 입장에서는 지속적으로 보고 싶은 마음에 구독을 누른다. 구독자 수가 300만 명이 넘은 지금도 초심을 잃지 않고 꾸준히 업로드 주기를 지키고 있다.

기획, 제작, 편집, 업로드, 피드백 등 이 전체의 과정을 하나의 루틴으로 습관화할 필요가 있다. 꾸준함을 유지하려면 구체적으로 동영상 업로드 계획을 세워서 루틴을 습관화해야 하며, 머릿속에 일의 우선순위가 분명해야 한다. 행동으로 이어지지 않는 머릿속 아이디어는 없는 것과 다름없다. 머리에만 남아 있다면 그 아이디어의 가치는 제로다. 어떠한 형태로든 결과물로 이어져야 그때부터 가치가 창출된다. 꾸준함도 실력이다. 특히 유튜브는 성실함이 뒷받침되지 않으면 좋은 결과물을 얻을 수 없다.

꾸준하게 채널을 운영하기 위해서는 되도록 자신이 좋아하는 콘텐츠를 만드는 게 좋다. 스스로의 강점을 살리라고 재차 강조하는 이유가 여기에 있다. 본인이 잘하지 못하고 좋아하지도 않는 분야라면 콘텐츠를 제작하는 일이 지루하고 힘겨울 것이다. 도중에 포기하지 않고 지속적으로 채널 운영을 잘하기 위해선 유튜버 스스로가 재미와 흥미를 보여야 한다. 자기 자신부터 즐겁고 행복해야 남도 즐겁고 행복하게 만들 수 있다. 자기가 관심만 있고 잘 못하는 분야보다는 흥미를 느끼고 잘하는 분야를 다뤄야 포기하지 않고 장기간 이어나갈 수 있다. 서툰 분야는 추후에 자리를 잡은 이후에, 즉 두터운 팬을 확보한 이후에 시도해도 늦지 않다.

꾸준함이 중요하다고 해서 억지로 없는 콘텐츠를 짜내라는 게 아니다. 기획 아이디어가 떨어지면 솔직히 인정하고 양해를 구한 뒤 재충전해서 돌아오면 된다. 구독자 이탈률이 높아지는 건 감수해야 할 부분이지만 억지로 유행을 좇아 질 나쁜 동영상을 만드는 것보다는 낫다. 유행에 휩쓸리기보다 유행을 주도하고 앞서 나가는 사람이 되어야 한다. 물론 유행에 민감하게 반응해 트렌드에 부합하는 콘텐츠를 만드는 것도 좋지만, 본인의 주력 분야에서 다른 사람들이 아직 시도하지 않은 부분을 찾아 선구자가 되는 게 더 중요하다.

우리나라보다 몇 년 앞서 있는 미국이나 다른 나라의 콘텐츠를 꾸준히 검색해 정리하고, 정리한 아이디어를 재창조해 자신만의 것으로 체득해야 한다. 본인이 주력으로 밀고 있는 콘텐츠 안에서 다양하게 새로운 시도를 해보는 건 좋지만, 억지로 업로드 주기를 맞추기 위해 생소한 트렌드를 좇는 건 지양해야 한다. 채널의 정체성을 지키는 선에서만 혁신을 시도하자.

특히 유튜브와 비즈니스의 연계를 꾀하고 있다면 유튜브 운영이 업무의 연장선이라 생각하는 게 좋다. 그냥 막연히 '일단은 취미로 어떻게든 대충 해보면 되겠지.'라는 생각은 버리도록 하자. 정확한 방향성과 목적을 가지고 비즈니스와 연관 지어 관련 콘텐츠 창출에 집중해야 한다. "방향이 잘못되면 속도는 의미 없다."라는 마하트마 간디(Mahatma Gandhi)의 명언처럼 정확한 방향으로 속도를 내어야만 되돌아가거나 방황하는 데 시간 낭비를 하지 않게 된다. 지금 당장 조금 속도가 늦고 초조하더라도 올바른 방향성을 가지고 나아간다면 반드시 원하는 결과를 얻을 수 있을 것이다.

어떻게 명품 채널을 만들 것인가

채널이 성장하지 못하는 이유를 깨달았다면 지금부터는 명품 채널이 될 수 있는 비밀에 대해 이야기해보려 한다. 어떻게 하면 채널을 전략적으로 기획하고 꾸밀 수 있을까? 다음의 4가지 팁을 기억하자.

1. 채널도 명품 브랜드처럼

보통 명품 브랜드가 고유한 이미지, 로고, 심지어 제조 방법과 포장 기법까지 오랜 시간 일관성을 유지하는 이유는 무엇일까? 해당 브랜드가 차별성, 희소성, 높은 가치를 바탕으로 장기간 일관되게 제품과 서비스를 선보인다면 고객들은 해당 브랜드를 신뢰하게 된다. 그러한 신뢰를 바탕으로 인지도가 쌓이고 높은 매출로 이어지는 것이다. 유튜브 마케팅도 마찬가지다. 채널의 퍼스널 브랜딩도 자신만의 전략이 있어야 한다. 다른 경쟁 채널들과는 무엇이 다르고, 어떤 점이 더 매력적인지 점검해보자. 만일 차별성을 갖췄다면 일관성 있게 콘텐츠를 만들고 변함없이 꾸준히 콘셉트를 유지하면 된다. 더 나아가 초심을 잃지 않고 늘 겸손하게 구독자들과 소통한다면 해당 채널에 대한 신뢰감도 높아질 것이다. 그 신뢰를 바탕으로 차근차근 인지도를 쌓아나가고, 가치를 높이면 명품 브랜드가 될 수 있다. 그러면 사업에도 긍정적인 영향을 미칠 것이다.

유튜브 '펜크래프트ASMR' 채널. 유행에 흔들리지 않고 손글씨와 ASMR이라는 다소 생소한 주제를 굳건이 밀고 나간다.

2. 철학과 소신이 분명해야 한다

　유행이나 풍문에 흔들리지 않을 운영 철학과 소신도 필요하다. 채널을 운영하다 생각만큼 잘 되지 않거나, 안 좋은 일이 생길 때가 있다. 이러한 문제 상황에서 흔들리지 않고 의연하게 밀고 나가려면 철학과 소신이 분명해야 한다. 철학과 소신이 분명한 대표적인 채널로는 '펜크래프트ASMR'이 있다. 유행에 흔들리지 않고 손글씨와 ASMR이라는 다소 생소한 주제를 굳건이 밀고 나가 많은 사랑을 받고 있다. 철학과 소신 없이 유튜브 채널을 운영하면 채널이 성장해가면서 생기는 많은 문제들을 이겨낼 수 없다. 자신의 주관이 뚜렷하면 어떤 나쁜 댓글에도 초연할 수 있다. 많은 피드백들 중에서 내가 좀 더 나은 방향으로 나아갈 수 있는 피드백은 적극적으로 수용하고, 철학과 맞지 않는 피드백은 무시하면 된다. 세상 모든 사람들을 다 좋아하고 수용할 수 없듯이 모든 사람들이 다 나를 좋아할 수는 없다.

3. 콘셉트를 분명히 해 스토리를 만들자

동영상으로 전달하고자 하는 메시지와 스토리가 뚜렷해야 한다. 이는 채널의 콘셉트와 방향이 사전에 구체적으로 짜여 있지 않으면 불가능한 일이다. 나는 단순히 다이어트뿐만 아니라 '누구나 바비 인형과 같은 예쁜 몸매를 만들 수 있다.'라는 콘셉트로 채널을 운영했다. 운동과 식이요법 없이 체중을 감량하고 체질까지 개선하는 노하우를 꾸준히 콘텐츠로 만들었다. 바비 인형이라고 하면 떠올리는 이미지를 구체적으로 시각화해 한눈에 인지할 수 있게 콘텐츠를 기획했다. 자신의 채널 콘셉트에 맞는 스토리를 만들어보자.

4. 가치를 파는 사람이 되자

자신의 이야기가 잘 팔릴지 안 팔릴지에 대해 혼자 속단할 필요는 없다. 일단 시장(유튜브)에 내놓으면 대중(시청자)이 평가해줄 것이다. 마케팅을 한다고 해서 굽실거리며 '을'이 되라는 말이 아니다. 에르메스의 버킨백은 아무리 비싸도 사람들이 사지 못해 안달하는 가방이다. 전 세계 각국 매장에서 사고 싶은 사람들이 너무 많아 웨이팅 리스트에 이름을 다 적지 못할 정도라고 한다. 이처럼 여러분의 채널도 많은 사람들에 의해 계속해서 소비되어야 한다. 마치 내 채널을 구독하지 않으면 손해를 보는 것처럼 느껴지게 하는 게 중요하다. 자신의 가치는 남이 정해주는 게 아니다. 스스로 정하고, 그 값을 지불하고 사려는 사람들이 몰리면 몰릴수록 더 올라가게 되는 것이다.

'가치'에 대해 다시금 생각하게 하는 일화가 있다. 한 여행객이 파리를 여행하던 중 어느 작고 허름한 골동품 가게를 둘러보게 되었다. 거기서 오래되고 낡아 빛바랜 진주 목걸이를 발견했는데, 좀 비쌌지만 장식품이 마음에 들어 50달러를 지불하고 고국으로 돌아왔다. 그러던 어느 날 현찰이 좀 필요해서 집 근처 보석상에 파리에서 사온 목걸이를 가지고 갔다. 보석상 주인은 한참 동안 감정을 한 후 상기된 표정으로 2만 달러를 주겠다고 했다. 상대가 가격을 너무 높게 부르자 놀란 마음에 그 목걸이를 다시 유명한 고급 골동품 가게에 가져갔다. 이 가게의 주인 역시 한참 동안 감정을 한 후 5만 달러를 주겠다고 했다.

너무 놀라 솔직하게 골동품 가게 주인에게 물었다. "색깔이 다 바랜 진주 목걸이잖아요. 왜 그렇게 값이 많이 나가죠?" 그러자 골동품 가게 주인은 의아한 목소리로 "아니, 아직도 모르고 계셨나요?"라고 말했다. 그러면서 돋보기를 건네주며 진주 목걸이를 들여다보라고 했다. 거기에는 작은 글씨로 '사랑하는 조세핀에게. 황제 나폴레옹으로부터.'라는 문구와 나폴레옹 보나파르트(Napoleon Bonaparte)의 친필 사인이 적혀 있었다.

아무리 진주 목걸이에 황제 나폴레옹의 사인이 있다고 해도 그것이 작고 허름한 골동품 가게에 있으면 50달러의 값어치밖에 되지 않는다. 진가를 알아봐줄 사람이 없기 때문이다. 당신의 가능성을 미리 속단하고 스스로 저렴하게 값어치를 매기지 말자. 시기와 장소에 따라 당신의 가치는 5만 달러도, 50만 달러도 될 수 있다. 그냥 허무맹랑한 이야기가 절대 아니다. 실제로 유튜브에서 그렇게 가치를 만들어나가고 있는 사람들이 전 세계적으로 셀 수 없이 많기 때문이다.

인지도 상승과 유명세보다는

기억할 가치가 있는 브랜드가 되는 것이

중요하다는 걸 잊지 말고,

자신만의 가치를 사람들에게

널리 알리는 데 성공하기 바란다.

4

매출을 창출하는
유튜브 마케팅
핵심 포인트

간단하게 만들어라.
기억하게 만들어라.
시선을 끌게 만들어라.
재미있게 만들어라.

_레오 버넷(Leo Burnett)

  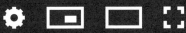

SECTION 01

시행착오를 줄여줄 유튜브 마케팅 노하우

매번 성과 없이 마케팅에 실패하는 사람과 무한대로 성과를 올리는 사람의 차이는 '마인드'에 있다고 생각한다. 왜냐하면 성공자의 마인드와 실패자의 마인드는 달라도 너무 다르기 때문이다. 성공자의 마인드를 유념해 유튜브 채널을 운영한다면 그렇지 않은 경우보다 채널이 훨씬 더 빠르게 안정권에 접어들게 될 것이다.

성공자의 마인드란 게 도대체 무엇일까? 스스로가 이미 유튜브 마케팅에 성공한 유튜버라고 굳게 믿고 나아가는 것이다. 지금 당장 뚜렷한 성과나 결과가 없어도 흔들리지 않고 콘텐츠를 만드는 자세가 중요하다. 실제로 비슷한 시기에 유튜브를 시작한 계정들을 관찰해보자. 빠르면 한두 달, 늦어도 한 분기 안에 활동을 중단하는 채널이 수

두룩할 것이다. 처음에는 반응이 없어도 의욕 있게 채널을 운영하지만 무반응이 계속되면 결국 포기하고 쉽게 접기 때문이다.

성공자의 마음가짐이 먼저다

포기하는 순간마저도 스스로에 대한 믿음을 저버리면 안 된다. 자신이 이미 성공한 스타 유튜버라면 어떻게 생각하고 행동할 것인지 스스로에게 묻고 답해보자. 만일 구독자가 단기간에 폭발적으로 증가했다면 유튜브 운영을 포기했을까? 미래의 당신이 원하는 모습과 현재의 모습 사이의 격차를 줄이기 위해서는 우직하게 나아가는 방법밖에 없다.

  포기하면 모든 가능성이 '0'이 된다. 앞에서도 잠깐 이야기했지만 나 역시 동영상만 올리면 구독자들이 우수수 떨어지던 시기가 있었다. 성과가 나오지 않으니 흥미와 재미도 느끼지 못했다. 만일 거기서 유튜브를 그대로 포기했다면 현재의 나에게 주어진 많은 기회들을 다 놓쳐버렸을 것이다. 이후 흥미와 초심을 찾아 마인드를 바꾸니 신기할 정도로 조회수와 구독자가 늘어났고, 슬럼프의 늪에서 빠져나올 수 있었다. 당시 내가 활용한 성공자 마인드를 갖추는 방법 5가지는 다음과 같다.

1. 진심으로 사랑해야 된다

자신의 채널, 자신의 동영상, 자신의 구독자, 자신의 비즈니스를 진심으로 사랑해야 한다. 성공하기 위해 더더욱 냉정해져야지 왜 갑자기 사랑이냐고 물을 수 있지만, 정말 사랑이 중요하다. 사랑과 애정이 있어야 모든 게 지속 가능하며, 초심을 잃지 않고 채널을 운영할 수 있기 때문이다. 그리고 어려움 속에서도 포기하지 않는 용기와 열정을 이끌어내는 게 바로 사랑이다.

2. 이미지 트레이닝

'사람들이 내 동영상을 좋아하지 않으면 어떻게 하지?', '악플을 달면 어떻게 하지?' 등 부정적인 생각만 계속 떠올리면 신기하게도 정말 그대로 이뤄진다. 반대로 사람들이 내 동영상을 좋아해주는 긍정적인 상상을 하면 정말 그렇게 되는 걸 경험할 수 있다. 수시로 긍정적인 생각과 이미지를 머릿속에 그려내는 게 중요하다. 긍정 에너지가 충만한 상태에서 작업한 동영상과 그렇지 않은 상태에서 만든 동영상의 결과물은 판이하다.

3. 작은 실천이 중요하다

무엇이든 일단 머릿속에 있는 걸 실천해보자. 좋은 아이디어를 백날 생각하는 것보다 한 번의 행동과 실천이 더 낫다. 당장 결과물이 완벽하지 않더라도 좋다. 유튜브 마케팅을 위해 지금 당장 무엇을 실천할 수 있는지 생각해보고, 구체적인 계획을 세워 당장 행동으로 옮기는 게 중요하다. 거창하게 생각하지 말고 소소하게 작은 것부터 실천함으로써 하나씩 성과를 쌓아나가면 된다. 너무 거창한 목표는 계획 역시 막연할 수밖에 없다. 거창하고 원대한 성과도 결국 깊게 들어가서 보면 작은 퍼즐 조각조각들이 모여서 이뤄진 것이다. 그냥 되는 것은 절대 없다. 쉬운 길과 꼼수를 찾으려 하지 말고 오늘의 작은 실천과 성실함이 내일의 큰 결과로 이어진다는 믿음을 가져야 한다.

4. 사명문 적고 매일 읽기

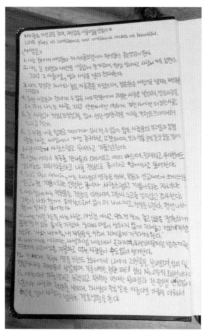

나의 사명문. 사명문을 만들어 매일 읽으면 성공자의 마인드를 가질 수 있다.

'사명문(mission statement)'이란 한 개인이나 단체가 이루고자 하는 핵심 가치를 적고 어떻게 이뤄나갈지를 명료하게 기록한 글을 말한다. '사명선언문'이라고 하기도 한다. 자신만의 유튜브 사명문 혹은 인생 사명문을 만들어 매일매일 읽으면 성공자의 마음가짐을 가질 수 있다. 나 또한 사명문을 유튜브 기획 노트에 적어 수시로

따라하면 매출이 따라오는 유튜브 마케팅

읽고 있다. 말로써 선포해 목표를 되새기고, 실현해나갈 수 있는 힘을 얻는다. 사명문을 읽고 조금씩 실천함으로써 생생하게 꿈이 조금씩 가까워지는 것을 느낄 수 있다.

5. 메모하는 습관 기르기

채널과 콘텐츠에 대한 아이디어가 떠오르면 그 즉시 메모하는 습관을 길러야 한다. 지금 이 책을 읽다가도 무언가 떠오르는 게 있다면 망설이지 말고 일단 글로 적어두자. 그렇게 동영상 아이디어를 기록하고 모아 끊임없이 연구하는 자세가 필요하다. 지금 본인보다 앞서 성공한 유튜버들의 이야기에 귀 기울이고, 거기서 얻은 인사이트와 아이디어를 메모해 자신만의 것으로 승화시킨다면 당신도 언젠가 성공한 크리에이터가 되어 있을 것이다.

채널 기획이 반이다

시작이 반이라는 말처럼 채널 기획이야말로 유튜브 마케팅에 있어서 가장 중요한 부분이다. 그렇기 때문에 기획 단계를 그냥 어영부영 대충 넘어가면 안 된다. 특히 유튜브를 단순히 취미가 아닌 마케팅 도구로 사용할 목적이라면 더더욱 신경 써야 한다. 채널 기획이라는 첫 단추를 잘 끼워야 앞으로 유튜브 마케팅을 하면서 겪게 되는 문제들을 수월하게 해결할 수 있다. 채널 기획만 잘해도 시행착오가 크게 줄어들 것이다. 만일 이미 유튜브를 운영하고 있다면 지금이라도 원점에서 다시 점검해보자.

앞서 목적과 방향성의 중요성은 충분히 설명했다. 목적과 방향성이 뚜렷해야 하는 이유는 구체적인 타깃층을 설정하는 데 도움이 되기 때문이다. 그래서 콘텐츠를 중구난방 올리지 말아야 한다고 강조했었는데, '중구난방'과 '치밀한 계획'의 차이는 무엇일까? 이는 각각의 콘텐츠가 타깃층을 어떻게 설정했는지 살펴보면 알 수 있다. 예를 들어 한 유튜버가 3가지의 콘텐츠 시리즈를 올리고 있는데 각자 타깃층이 완전히 다르다면 그건 중구난방 식으로 채널을 운영하고 있는 것이다. 반대로 3가지의 콘텐츠가 '30대 남성'과 같은 하나의 공통된 타깃층을 대상으로 했다면 치밀한 계획하에 운영되고 있는 것이다. 물론 어느 정도 채널이 성장한 이후에는 확장성을 위해 다른 타깃층을 노리는 콘텐츠를 기획할 수 있다. 하지만 채널의 성장이 지지부진하고 구독자가 적은 상태에서 여러 타깃층을 동시다발적으로 노리는 건 이도 저도 아닌 나쁜 선택이다.

타깃층을 설정할 때는 구체적으로 세부 타깃을 정해 노리는 게 좋다. 예를 들어 '남서방TV의사' 채널은 중장년의 남성을 타깃팅해 콘텐츠를 만들고 있다. 물론 해당 타깃뿐만 아니라 건강에 관심이 많은 여성이나 젊은층도 유입될 것이다. 단순히 남성이라는 성별 집단을 포괄적으로 타깃팅하는 게 아니라 '건강에 관심이 많은 40~50대'처럼 구

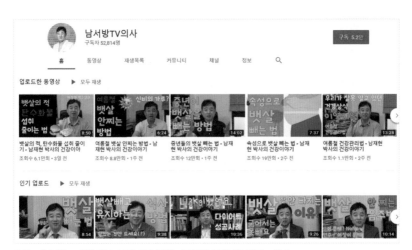

유튜브 '남서방TV의사' 채널. 중장년의 남성을 타깃팅해 콘텐츠를 만들고 있다.

체적으로 타깃을 설정하는 게 좋다. 이런 식으로 세부 타깃이 정해져 있어야 콘텐츠를 제작할 때도 헤매지 않는다. 가장 중요한 건 자기 사업의 메인 타깃층과 시청자를 일치시켜야 한다는 점이다. 그래야 채널이 성장하면서 비즈니스도 자연스럽게 함께 성장할 수 있다.

따라서 콘텐츠 역시 사업과 연관이 있는 게 좋다. 처음 유튜브를 시작할 때는 사업과 관련된 1~3가지 정도의 콘텐츠 시리즈가 적당하다. 너무 많은 소재를 살리려 하면 죽도 밥도 안 될 수 있고, 유튜브 알고리즘 시스템에서도 이 채널의 정체성을 제대로 읽어내지 못하게 된다. 그러면 상위 노출이 어려워지기 때문에 채널 성장을 위해서라도 콘셉트의 기조를 분명히 하는 게 좋다.

특히 채널명은 채널 기획 의도를 단적으로 드러낼 수 있는 수단이다. 예를 들어 '공대생 변승주 DS' 채널의 채널명은 평범한 21살 공대

공대생 변승주 DS
구독자 2,069,713명

홈 동영상 재생목록 커뮤니티 채널 **정보** 🔍

가입 구독 206만

공대생 가족들

🔴 HANA 김하나
구독

01 01커플 (부제:문문이
구독

😊 대생가족 DSF
구독

설명

" 세상에 하찮은 호기심은 없습니다!"
이 채널은 궁금한건 뭐든 해봐야 직성이 풀리는 21살 평범한 공대생이
세상에 있는 모든 신기한것들을 해보는! 사실상 주제 없이 하고 싶은 것 다 하는 평
범하지 않은 채널입니다.
채널을 만든 목적은 단 하나, 여러분들과 저의 즐거움입니다.
유익함보다는 유쾌함이 주가 되는 채널이 되도록 노력하겠습니다 ㅋㅋㅋ
오늘도 기앙마 즐거운하루!!!!!!!!!!!!!! (뿌잇)

구독 해주신다면 노예가 되겠습니다. : https://goo.gl/pF280n (꾸독하기)

통계

가입일: 2014. 11. 7.

조회수 780,261,949회

🚩

유튜브 '공대생 변승주 DS' 채널. 채널명으로 콘셉트를 잘 드러내고 있다.

생이 다양한 호기심을 실험을 통해 해결한다는 콘셉트가 잘 드러나는 이름이다. 그는 "세상에 하찮은 호기심은 없습니다!"라는 포부를 밝히며 평범한 젊은 남자가 떠올릴 수 있는 다양한 호기심을 주제로 콘텐츠를 만든다. 처음 채널명을 정할 때 신중해야 하는 이유는 중간에 채널명을 바꾸면 구독자들의 신뢰감을 잃게 될 수도 있기 때문이다. 그리고 채널명을 정할 때는 사용된 적이 없는 이름으로 시작하는게 좋다. 추후 브랜드명으로까지 이어질 수 있는지도 고려해야 하기 때문이다.

채널의 성격에 따라 동영상 업로드 시기도 중요한데, 시간대에 따라 공략하기 유리한 세부 타깃이 달라진다. 20대 젊은층의 경우 주로 오후 9~12시에 자유롭게 유튜브를 시청하지만, 아이가 있는 기혼 여

성은 아이가 유치원에 있는 오전 10시부터 오후 2시 사이에 유튜브를 주로 시청한다. 어떤 특정 계층이 타깃층이라면 그들이 유튜브를 보기 수월한 시간에 동영상을 업로드하는 것이 좋다. 직장인이 타깃층이라면 출퇴근 시간에 맞춰 동영상을 올리는 것도 한 방법이다. 시간대뿐만 아니라 요일이나 공휴일까지 고려한다면 보다 전략적으로 채널을 운영할 수 있다.

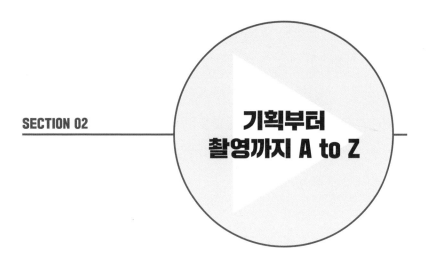

SECTION 02

기획부터
촬영까지 A to Z

유튜브는 결국 동영상으로 움직이는 플랫폼이다. 처음에는 동영상 기획부터 촬영까지의 과정이 복잡해 보일 수 있지만, 한두 차례 경험해 보면 금세 익숙해질 것이다.

우선 브레인스토밍, 즉 다양한 아이디어를 쏟아내 정리할 필요가 있다. 나는 기획 아이디어를 보통 독서나 여행, 핀터레스트(이미지 중심의 SNS 플랫폼)와 같은 SNS를 통해 얻는다. 또한 매일 기도노트와 사명문을 적으며 불현듯 아이디어를 얻기도 한다. 그리고 구독자들의 댓글에서도 아이디어를 얻는 경우가 있다. 언제 어디서나 아이디어를 기록하는 습관이 필요하며, 메모를 실행에 옮기는 의지도 중요하다.

기획 아이디어를 얻는 방법

동영상을 기획할 때 도움이 되는 방법 5가지를 소개하면 다음과 같다. 이를 참고해 지금 바로 실천해보자.

1. 본인의 관심 키워드 수시로 검색하기

자신의 동영상 콘텐츠와 관련된 키워드를 수시로 여러 포털사이트에서 검색해 동향을 파악해야 한다. 그래야 항상 남들보다 빠르게 트렌드를 읽을 수 있고 뒤처지지 않을 수 있다.

2. 해외 유튜브 콘텐츠 모니터링하기

해외 유튜브 동영상, 특히 미국의 동영상은 한국보다 몇 년씩 앞서가고 있다. SNS의 발달로 과거보다는 차이가 많이 줄었다고는 하지만 아직까지 미국이 트렌드를 주도하고 있는 형세다. 미국은 유튜브 본사가 위치한 만큼 우리나라보다 콘텐츠의 수나 질적인 면에서 압도적인 우위를 점하고 있다. 그래서 국내 유튜버들보다 앞서가기 위해서는 해외 유튜브 콘텐츠를 꾸준히 모니터링할 필요가 있다.

3. 기승전결이 잘 짜인 대본 준비하기

해당 동영상을 통해 전달하고자 하는 메시지와 유튜버가 궁극적으로 원하는 바가 무엇인지 생각하고, 이를 바탕으로 기승전결이 잘 짜인 대본을 준비한다. 아무리 달변가여도 대본 없이 카메라 앞에 서면 버벅거리기 마련이다.

4. 디딤돌이 되어줄 티저 동영상 제작하기

티저(teaser)란 예고 광고를 뜻하는 말로, 보통 본편을 올리기 전에 30초~1분가량의 길이로 제작되는 예고편을 뜻한다. 예고편을 유튜브나 인스타그램에 올리면 미리 호응을 유도할 수 있다. 참고로 30초~1분 안에 콘텐츠의 핵심을 다 드러내서는 안 된다. 티저 동영상에 본론과 결론이 다 들어가 있으면 막상 시청자들이 본 동영상을 볼 때 흥미를 느끼지 못할 수 있기 때문이다. 티저 동영상은 본 동영상에 대한 기대감만 심어주는 정도로 제작해야 한다.

5. 동영상 기획안 만들기

콘텐츠 아이디어의 정리가 끝나고 대본까지 완성되었다면 이제 동영상 기획안을 만들 차례다. 기획이 탄탄하면 퀄리티 높은 동영상이 만들어지고, 기획한 방향대로 촬영과 편집이 진행되기 때문에 헤매지 않게 된다. 기획안은 기호에 따라 형식이 다양하지만 가장 기본적으로 들어가야 할 사항은 다음과 같다.

- 타깃층
- 주제 및 제목(가제)

- 카테고리

- 기획 의도(영상 제작 목적)

- 콘텐츠를 통해 얻고 싶은 것(목표)

- 시리즈화 가능 유무

- 콘텐츠의 개요 및 차별점

- 필요한 인물 및 스태프

- 필요한 장비 및 장소

- 예정 촬영일 및 예상 촬영 시간

- 편집 소요 예상 기간

- 업로드 예정 날짜

참고로 갑작스레 대본을 쓰려고 하면 막막하고 생각보다 빠르게 써지지 않는 경우가 많다. 그렇기 때문에 평소 동영상을 기획할 때 필요한 키워드들을 미리 정리해 맥락과 뼈대를 잡아놓는 게 좋다. 대본은 정해진 맥락과 뼈대에 살을 덧붙이기만 하면 완성된다. 또한 콘텐츠 기획에서 중요한 건 업로드 예정 날짜와 구체적인 계획이다. 1년 계획부터 시작해 6개월 계획, 분기별 계획, 월별 계획, 주별 계획까지 디테일하게 나와야 한다. 물론 계획을 세운다고 해서 100% 다 계획대로 운영되는 것은 아니다. 시청자들의 피드백과 반응에 따라 중간에 변화를 주기도 하고, 기존 계획들이 빠지기도 한다. 하지만 계획이 있는 채널과 없는 채널은 성과에서 큰 차이가 드러나기 마련이다.

촬영 장비 및 편집 프로그램

사실 우리는 이미 유튜브 동영상을 찍을 수 있는 기본 조건을 다 갖추고 있다. 핸드폰 카메라와 편집 애플리케이션만으로도 간편하게 동영상을 제작할 수 있는 시대이기 때문이다. 가장 대중적이고 보편적으로 널리 쓰이는 편집 애플리케이션과 좀 더 전문적인 편집 프로그램은 다음과 같다.

편집 애플리케이션: 키네마스터, 파워디렉터, 아이무비
편집 프로그램: 프리미어 프로, 베가스, 파이널 컷 프로

왼쪽 상단부터 키네마스터, 파워디렉터, 아이무비, 프리미어 프로, 베가스, 파이널 컷 프로의 아이콘

키네마스터, 파워디렉터, 아이무비는 핸드폰으로 사용이 가능하고 비교적 활용이 쉬운 편집 프로그램이다. 참고로 파워디렉터는 안드로이드에서, 아이무비는 iOS에서, 키네마스터는 안드로이드와 iOS에서 모두 호환된다. 키네마스터, 파워디렉터, 아이무비는 사용법이 직관적이고 편리하다는 장점이 있고, 프리미어 프로, 베가스, 파이널 컷 프로는 공부해야 할 게 많지만 훨씬 더 퀄리티 높은 동영상을 제작할 수 있다는 장점이 있다. 전문적인 동영상 편집자들은 프리미어 프로, 베가스, 파이널 컷 프로를 사용하는데, 세 프로그램의 단점은 높은 가격대다.

키네마스터, 파워디렉터, 아이무비로 감을 익힌 뒤 무언가 부족하다고 느껴진다면 프리미어 프로, 베가스, 파이널 컷 프로로 넘어가는 게 좋다. 추후에 프리미어 프로를 활용하고 싶다면 동영상 제작 프리랜서이자 유튜버인 하지원의 『비됴클래스 하쥔의 유튜브 동영상 편집 with 프리미어 프로』를 읽어볼 것을 추천한다. 베가스는 유튜브 '김나옹 편집공방' 채널에서 쉽고 빠르게 배울 수 있고, 파이널 컷 프로는 유튜브 '단호근danhokeun' 채널을 추천한다.

카메라 장비의 경우 나는 아이폰X와 캐논 카메라(PowerShot G7X Mark 2)를 주로 이용했다. 전문가용 DSLR도 '그냥 좋은 장비만 있으면 되겠지.'라는 생각에 사용법도 모른 채 덜컥 구매했었다. 당연히 잘 활용하지 못해 후회했고, 장비가 중요한 게 아니라는 사실을 다시금 깨달았다. 조명은 자연광도 좋고, 저렴한 스탠드 조명이나 카메라 조리개

유튜브 '김나옹 편집공방' 채널(위)과 '단호근danhokeun' 채널(아래). 각각 베가스와 파이널 컷 프로 강연 콘텐츠를 다루고 있다.

를 살짝 여는 것도 한 방법이다. 반사판 역시 인터넷에서 저렴하게 구매 가능하며, 마이크도 핸드폰 녹음이면 충분하다. 다만 좀 더 비용을 들여 음향의 질을 높이고 싶다면 콘텐츠에 따라 알맞은 마이크를 선택하면 된다. 목소리 녹음에 최적화된 녹음기부터 현장감을 살리는 데

콘텐츠에 따라 성격에 맞는 마이크가 다 다르다. 미리 알아보고 구매할 필요가 있다.

최적화된 녹음기, 노래 녹음에 좋은 마이크 등 용도에 따라 상품이 다양하니 미리 알아보고 구매할 필요가 있다. 각종 녹음기, 다이내믹 마이크, 콘덴서 마이크, 붐 마이크 등 콘텐츠에 따라 성격에 맞는 마이크가 다 다르다. 가격대에 따라 성능도 천차만별이기 때문에 각각의 특성을 설명하기 어렵지만, 'ASMR에 좋은 마이크' 등 다양한 정보가 풀려 있어 조금만 찾아보면 원하는 가격대의 제품을 찾을 수 있다.

끝으로 카메라 울렁증을 극복하는 팁을 몇 가지 소개하고 마무리하겠다.

1. 카메라를 사람이라고 생각한다.
2. 매일매일 카메라 앞에 서서 카메라와 친근해진다.
3. 녹음을 통해 내레이션 형식으로 촬영한다.

4. 대본을 완벽하게 숙지한다.

5. 동영상을 찍는 중간에 실수하더라도 편집을 하면서 잘라낼 수 있으니 부담감을 내려놓는다.

6. 같은 부분을 반복적으로 틀리고 계속 진행이 안 될 경우에는 잠시 휴식을 취한다.

가장 중요한 건 일단 잘 찍히든 아니든 자꾸 찍어보는 연습을 하는 것이다. 유튜브를 하겠다고 마음먹었다면 카메라와 친구처럼 친하게 지내야 한다. 카메라와 익숙해지면 반은 성공했다고 볼 수 있다.

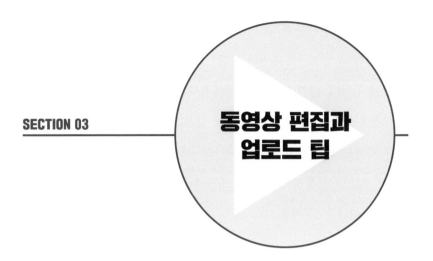

동영상 편집과
업로드 팁

동영상 촬영을 마쳤다면 이제 편집을 시작할 차례다. 동영상 편집의 경우 전문적인 영역이어서 편집자를 따로 구하는 유튜버들이 많다. 하지만 나는 기본적으로 어느 정도는 유튜버가 편집 기술을 익혀야 한다고 생각한다. 그리고 기초적인 부분은 충분히 독학으로도 익힐 수 있다. 나 역시 처음에는 독학으로 동영상 편집을 시작했다. 당시에는 지금처럼 동영상 편집 관련 서적과 유튜브 채널이 많이 없어서 힘들었지만, 지금은 웬만한 편집은 직접 어렵지 않게 할 수 있다.

유튜브 마케팅을 하고 싶지만 동영상 편집 때문에 엄두를 못 내는 경우도 많을 것이다. 당연한 이야기지만 처음 유튜브를 시작할 때는 전문 편집자를 고용하거나 외주를 맡길 수 없다. 누구의 도움도 없이 혼자 해야 하기 때문에 더 어렵게 느껴질지도 모른다. 나는 처음에 베가스 편집 프로그램으로 입문했다. 그때는 단순 컷 편집에만 몇 시간씩 소요되었다. 편집 창에서 동영상을 확대하거나 축소하는 기본적인 방법조차 몰랐을 때였다. 설상가상 컴퓨터 사양도 좋지 않아서 프로그램 자체도 빠르게 구동되지 않았다. 이후 맥북을 쓰게 되면서 파이널 컷 프로를 사용하게 되었고, 지금까지 쭉 해당 프로그램으로 편집을 하고 있다.

동영상 편집, 어렵지만 방법은 있다

컴퓨터로 전문적인 프로그램을 활용해 편집하는 게 아직 너무 막막하고 어렵다면 핸드폰으로 시작해보기 바란다. 요즘에는 애플리케이션을 이용해 누구나 쉽게 동영상을 편집할 수 있다. 특히 비용을 들여 유료 결제를 하면 컴퓨터 편집 프로그램과 유사한 효과를 볼 수 있다. 아이패드나 갤럭시탭으로도 손쉽게 편집이 가능하다. 파이널 컷 프로 등의 프로그램을 구매하는 게 부담스럽다면 아이패드의 경우 아이무비로 편집을 시작해도 좋다. 아이무비가 익숙해지면 이후 파이널 컷 프로 등을 활용하면 된다.

그리고 요즘에는 동영상 편집 관련 서적과 유튜브 콘텐츠가 다양하다. 양질의 교육 콘텐츠를 보며 독학으로도 쉽게 배울 수 있다. 시

콘텐츠 동영상의 기본 구조 샘플

간 날 때마다 틈틈이 보면서 실습해보기 바란다.

만일 동영상을 2가지 촬영했다면 콘텐츠 동영상의 기본 구조 샘플처럼 컷을 합쳐야 한다. 그리고 색깔에 맞는 배경음악을 깔고, 어울리는 자막을 넣는다. 이해를 돕기 위해 기본 구조 샘플을 단순화했지만 실제로는 훨씬 복잡하다. 합쳐야 할 컷도 많고, 배경음악도 시시때때로 바뀌며, 자막도 훨씬 많다. 동영상 편집과 관련된 중요한 팁 중 하나는 콘텐츠에 따라 적당한 동영상 길이가 따로 있다는 것이다.

브이로그: 10~20분

각종 팁&튜토리얼 동영상: 7~14분

리뷰 동영상: 10분 이내

내용이 짧은 경우에는 3~5분가량도 괜찮다. 하지만 20분 이상 길어질 것 같으면 1부, 2부로 나눠서 올리는 것이 좋다. 특히 주의해야 할 부분은 비즈니스와 직접적으로 관련된 콘텐츠를 만들 때는 절대로 1.5배속, 2배속 등으로 배속을 높이면 안 된다는 것이다. 그렇게 몇 배속을 해버리면 호소력이 없어 보이고, 진지해 보이지 않을 수 있다. 그리고 굳이 배속을 하지 않아도 필요에 따라 시청자가 알아서 배속을 설정해 동영상을 시청한다.

중간에 "어~" 혹은 "음~" 이렇게 말을 끄는 부분이 있거나 사운드가 비게 되는 경우에는 컷을 잘라 편집하는 게 좋다. 자연스럽게 이어붙여 불필요한 말과 공백은 과감하게 잘라내도록 하자. 애초에 쓸데없는 말을 하지 않기 위해서는 미리 대본을 만들어서 적당한 목소리 톤과 속도로 말하는 연습을 해야 한다. 또한 동영상 분위기에 알맞은 배경음악 선택도 중요한데, 콘텐츠의 분위기와 전혀 어울리지 않는 배경음악은 안 넣은 것만 못하다. 자칫 동영상 내용 전달에 방해가 될 수 있으며, 시청자에게 울림을 줄 수도 없다. 가령 슬픈 이야기를 하는데 음악이 너무 발랄하고 신나면 아무리 슬픈 이야기를 해도 우스워질 수 있다. 유튜브는 다양한 무료 음원과 저작권이 무료로 풀린 음악들을 제공하니 들어보고 고르기 바란다.

그리고 정말 도저히 동영상 편집에는 자신이 없고, 그럴 시간도 없다는 생각이 들 경우에는 과감하게 편집자를 고용하는 것이 좋다. 하지만 어떻게 컷 편집을 하고, 어떤 식으로 자막을 달고, 어떤 효과를 해당 컷에 넣으면 좋을지 등에 대한 최소한의 기준은 있어야 한다. 편집 방향 등 여러 가지를 전문 편집자와 잘 상의해 원하는 스타일로

따라하면 매출이 따라오는 유튜브 마케팅

유튜브 동영상 메타데이터 편집기 화면. 상위 노출과 높은 조회수를 위해 메타데이터를 잘 설정해야 한다.

만들기 위해서는 유튜버 역시 기본적인 지식이 필요하다.

업로드 시 체크해야 할 부분은 바로 메타데이터다. 업로드 이후에도 유튜브 동영상 메타데이터 편집기 화면에서 수정이 가능한데, 상위 노출과 높은 조회수를 위해 메타데이터를 잘 설정해야 한다. '메타데이터'란 대량의 데이터를 구조화했다는 뜻을 가지고 있는 말로서, 유튜브에서는 제목과 태그 등 동영상의 정보를 기입하는 곳이라고 생각하면 된다.

1. 제목

제목에는 동영상의 정확한 내용을 반영하는 키워드가 포함되어야 한다. 중요한 키워드는 제목에 10~15자 이내로 표기해야 하며, 제목

이강인이 직접 밝히는 추가시간 때 코너플래그 깨물었던 이유ㅋㅋㅋㅋㅋ | 숏포러브 Shoot for Love

Shoot for Love 숏포러브 ☑ 조회수 28만회 · 21시간 전

이강인이 추가시간 때 코너플래그 깨물었던 이유는?? == 숏포러브 더보기 : Instagram : http://instagram.com/shoot_for_love ...

6:03 · 새 동영상

이강인이 택배 배달하는 방법ㅋㅋㅋㅋ 이게 진짜 택배 크로스짘ㅋㅋㅋㅋㅋ | 숏포러브 Shoot for Love

Shoot for Love 숏포러브 ☑ 조회수 169만회 · 4일 전

이강인의 하루를 훔쳐보았습니다 ㅋㅋㅋㅋㅋㅋㅋ 귀여움 터지네요 진짝ㅋㅋㅋㅋ == 숏포러브 더보기 : Instagram : http ...

7:09 · 새 동영상

'Shoot for Love 숏포러브' 채널의 동영상 제목과 설명글. 내용이 드러나는 키워드가 앞에 나와 있고, 채널명을 뒤에 달았다.

은 뒤로 갈수록 프로그램 또는 채널 이름과 같은 브랜딩을 위한 키워드를 활용하는 게 좋다. 만일 브랜딩이 충분히 잘되어 매니아가 많은 시리즈라면 시리즈명이나 채널 이름이 제목 앞에 나오는 것도 좋은 방법이다.

구독자가 100만 명에 달하는 'Shoot for Love 숏포러브' 채널의 동영상 제목을 살펴보자. 동영상의 내용이 드러나는 키워드가 앞에 나와 있고, '숏포러브'라는 채널명을 뒤에 달았다. 이처럼 제목을 짓기 전에 유튜브로 관련 키워드를 검색해서 상위 노출된 콘텐츠의 제목을 분석해야 한다.

또한 한글과 영어, 일본어 등 너무 많은 언어를 혼용하면 가독성이 떨어지므로 되도록 2가지 이하의 언어로만 기재하는 게 좋다. 앞에서

따라하면 매출이 따라오는 유튜브 마케팅

도 강조했지만 자칫 시청자의 오해를 살 수 있는 자극적인 제목은 반 감만 살 수 있으니 지양하도록 하자.

2. 설명글

동영상의 설명글은 제목 하단에 노출되는데, 동영상을 누르고 들 어가면 더 자세히 살펴볼 수 있다. 동영상을 누르지 않고 리스트에 노출된 상태에서는 앞의 두 줄만 노출되므로 처음 보이는 두 줄을 잘 작성해야 한다. 제목과 태그에 사용된 키워드를 지속적으로 활용하 는 것도 좋고, 채널 구독을 유도하거나 SNS 등의 링크를 거는 것도 좋다. 설명글이 알차면 검색될 가능성도 커지지만, 필요 없는 특정 키 워드를 반복하거나 동영상의 주제와 무관한 키워드 사용은 지양해야 한다.

마지막으로 업로드 전에는 최소 1~2명에게 결과물을 미리 보여주 고, 그들의 피드백을 반영한 뒤 올리는 게 좋다. 혹시 모를 자막 오타 나 불필요한 내용을 사전에 걸러낼 수 있기 때문이다. 피드백을 통해 부족한 내용이 있다면 더하고, 불필요한 부분은 뺄 수 있다. 업로드 이후 치명적인 오류가 발견되어 다시 업로드하는 경우도 비일비재하 니 미리 주변 사람들의 도움을 받기 바란다. 아예 편집에 들어가기 전 에 피드백을 받는 것도 좋은 방법이다.

업로드가 끝이 아니다

우여곡절 끝에 동영상 편집을 마치고 업로드까지 끝냈다. 그럼 이제 시청자들의 반응을 기다리며 아무것도 하지 않아도 될까? 아니다. 동영상을 올린 직후, 즉 업로드 후 하루 이틀 사이가 정말 중요하다. 업로드 이후 단기간에 많은 트래픽이 몰려야 동영상이 상위 노출될 확률이 높아진다. 그렇다면 업로드 이후에는 무엇을 해야 하며, 어떻게 더 많은 사람들이 보게 할 수 있을까?

1. 본인 SNS 계정에 동영상 홍보하기

동영상 업로드 전에는 사용하고 있는 SNS 계정에 곧 동영상이 올라갈 것이라고 예고해야 한다. 그리고 업로드 1~2시간 전에 다시 곧 동영상이 업로드될 것이라고 홍보해 적극적으로 사람들을 모아야 한다. 동영상이 올라온 이후에는 동영상 링크를 첨부해 정성스럽게 글을 쓰는 게 좋다.

2. 지인들에게 동영상 홍보하기

친한 지인들에게 카카오톡 등으로 동영상 링크를 보내 '좋아요'와 댓글을 요청한다. 지인들에게 말할 때는 단순히 내 동영상을 봐달라고 요청하는 게 아니라, "동영상을 보고 어떤지 구체적으로 피드백 좀 부탁해. 네가 안목이 뛰어나니까."라는 식으로 도움을 청한다. 이렇게 공손하게 부탁하면 자신이 무언가에 기여한다는 느낌을 받기 때문에 흔쾌히 도움을 줄 것이다.

3. 커뮤니티 카페, 동호회, 네이버 밴드 등 각종 참여 모임에 홍보하기

활동하는 커뮤니티 카페나 동호회, 네이버 밴드 등이 있다면 그곳에도 홍보해야 한다. 오프라인 모임이 있다면 단톡방에 홍보하는 것도 좋다. 명심하자. 주변 사람들조차 포섭하지 못한다면 불특정 다수의 시청자들도 설득하기 힘들 것이다. 부끄러워하지 말고 어렵게 만든 동영상이 빛을 볼 수 있도록 홍보에 힘쓰자.

4. 유튜브 댓글 답변 빠르게 달기

유입되는 이가 늘어나면 댓글을 읽기 위해 재방문하는 사람들이 자연히 생긴다. 댓글을 남긴 사람들에게 빠르게 답변을 달아주자. 그렇게 함으로써 점점 더 큰 유대감을 형성하게 되고, 충성팬을 빠르게 늘릴 수 있다.

5. 시리즈별 재생목록 추가

시리즈별로 재생목록을 만들고 차근차근 정리해놓으면, 시청자가 해당 동영상을 보러 들어와 연달아 다른 동영상까지 쭉 보게 될 확률이 높아진다.

---

6. 동영상 중간에 광고 넣지 않기

상위 노출과 추천 동영상으로 올라가려면 시청 지속 시간이 중요하다. 동영상 중간에 광고를 넣으면 이탈률이 높아지기 때문에 광고는 앞이나 끝에 넣는 게 좋다. 작은 광고 수익에 욕심 부리지 말자.

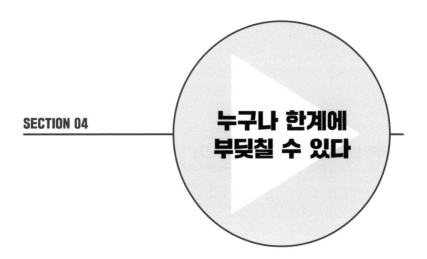

누구나 한계에 부딪칠 수 있다

자신의 동영상을 보면 손발이 오그라들고, 얼굴이 화끈거려서 도저히 업로드를 못하겠다는 사람들이 있다. 처음부터 너무 완벽한 동영상을 만들 필요는 없다. 오히려 그런 부담감을 내려놓고, 조금은 가볍게 힘을 빼고 만드는 게 좋다. 중요한 건 시간이 흐를수록 점점 변화되고 발전하는 모습을 보여주는 것이다.

명심해야 할 건 어떤 일이든 '완벽해질 때'와 장비 등 여러 가지가 다 '갖춰지는 때'라는 건 애당초 없다는 점이다. 계속하다 보면 점차 익숙해지게 되고, 여러 가지 장비나 상황도 하나하나씩 갖춰지는 것이다. 그러니까 더 준비되면 시작할 거라고 생각만 하지 말고 그냥 지금 당장 시작하는 게 좋다. 그것이 시간을 아끼고 가장 빨리 채널을 성장시키는 방법이다. 아직 준비되지 않았다는 핑계로 스스로 선을 긋지 말자. 한계는 노력으로 충분히 극복할 수 있다.

완벽주의를 버리고, 한계에 맞서자

완벽주의는 버려야 한다. 일부러 완벽하게 만들지 말라는 뜻이 아니라, 완벽하게 준비한 채 유튜브 채널 운영을 시작하겠다는 생각을 버리라는 뜻이다. 물론 너무 준비 없이 무턱대고 시작하면 안 되지만 계속 망설이기만 해서는 아무 일도 할 수 없다. 스킬과 영상미가 부족하더라도 기획 방향이 올바르고, 콘셉트가 독창적이고, 동영상 안에 진정성과 정성이 담겨 있다면 충분히 승부할 수 있다. 언변이 뛰어나지 않더라도 대본을 철저히 준비하고, 카메라 앞에 서는 연습을 반복한다면 누구나 유튜브를 시작할 수 있다.

때로는 자신의 약한 부분을 자랑스럽게 생각해도 된다. 단점을 숨기기에 급급하기보다 오히려 당당하게 오픈하는 게 반응이 더 좋을 수 있다. 비슷한 단점을 가진 사람들이 함께 공감하고 안아줄 것이다. 그렇지만 동영상에서 굳이 "나는 유튜브 초보다. 너무 못한다." 등의 발언을 할 필요는 없다. 말로 표현하지 않아도 구독자들이 가장 잘 느낀다. 자신감 없어 보이게 자신의 입으로 확인시켜줄 필요는 없다. 그저 시간이 흐를수록 동영상이 자연스러워지고, 퀄리티가 높아지는 발

따라하면 매출이 따라오는 유튜브 마케팅

강애교의 겁나 짧은 웰컴 (Welcome)인사~~ㅋㅋㅋ	May 2014 beauty favorites	Flight Attendant Hairstyle Tutorial(스튜어디스,승무원 쪽)
조회수 7.5천회 · 5년 전	조회수 6.6천회 · 5년 전	조회수 5.6만회 · 5년 전

2014.6.1 일상 VLOG 홍대 (Hongdae) 시카고 피자 리얼	DIY 집에서 나만의 에어쿠션 만들기beauty tip (how to	Beauty&Summer Fashion Clothing haul(h&m,benefit)
조회수 5.3천회 · 5년 전	조회수 6.9천회 · 4년 전	조회수 1.9천회 · 4년 전

유튜브 운영 초창기 시절에 올린 동영상들. 썸네일에 오타가 있을 정도로 어설펐었다.

전하는 모습을 보여주면 된다.

동영상 편집을 배워보지 않은 우리가 동영상을 만들어 올리는 것 자체만으로도 대단한 일이다. 완벽주의를 버리고, 한계에 당당히 맞설 필요가 있다. 그러니 자신감을 가지고 좀 더 과감하게 행동하자. 내가 유튜브 운영 초창기 시절에 올린 동영상들을 보면 느끼겠지만, 썸네일 에 'Vlog'를 'Volg'라고 표기할 만큼 어설펐었다. 이 책을 쓰면서 채널 을 처음 운영하던 시절의 동영상들을 다시 살펴봤다. 그리고 다시금 이렇게 어설프고 못했던 시절이 있었기에 지금의 내가 있다는 생각이 들었다. 만일 그때 스스로의 실력이 부끄러워 갈고닦은 뒤에 유튜브를 시작하겠다고 생각했다면 지금의 나도 없었을지 모른다.

마지막으로 정말 당부하고 싶은 건 자신이 만든 동영상에 애정을 듬뿍 담으라는 것이다. 스스로가 자신의 콘텐츠를 좋아하고 사랑하지 않으면 다른 사람들도 마찬가지일 것이다. 그리고 어설펐기 때문에 생긴 시행착오와 시련은 훗날 에피소드가 되어 또 하나의 콘텐츠가 될 수 있다. 누구나 한계에 부딪치기 마련이다. 하지만 이전과 전혀 다른 삶을 살고 싶고 사업을 잘 일궈나가고 싶다면 돌아가거나 멈춰 서는 건 정답이 아니다. 괴테(Johann Wolfgang von Goethe)는 이렇게 말했다. "당신이 할 수 있거나 할 수 있다고 꿈꾸는 그 모든 일을 시작하라. 새로운 일을 시작하는 '용기' 속에 당신의 '천재성', '능력', '기적'이 모두 숨어 있다."

구독자와 조회수가 적어 자꾸 위축될 때

처음 유튜브 마케팅을 시작하면 눈에 쉽게 들어오는 수치(구독자 수, 조회수 등)에 마음이 휘둘리기 마련이다. 본인이 생각하기에 구독자 수, 조회수, '좋아요' 수, '싫어요' 수에 따라 멘탈이 크게 좌지우지된다면, 아예 그러한 수치가 보이지 않게 설정하는 것도 하나의 방법이다. 그러면 타인의 시선으로부터 자유로워지고 마음도 편해진다. 어느 정도 자리 잡은 뒤에 일련의 수치들을 공개하는 것도 좋은 방법이다. 그리고 사실 '좋아요', '싫어요'에는 크게 의미 부여를 하지 않아도 된다. 구독자들이 '좋아요'를 많이 누른다거나, '싫어요'를 많이 누른다고 해서 동영상에 큰 영향을 미치는 건 아니다. '좋아요', '싫어요'는 유튜브 알고리즘 시스템에서 개개인이 선호하는 동영상을 분류하기 위한 장치일 뿐이다.

계속해서 다른 사람들이 만든 콘텐츠에 비해 내 콘텐츠가 초라하게 느껴진다면 다음의 몇 가지 사항을 마음에 품고 떠올려보자.

1. 모두가 위너다

우리가 콘텐츠를 만드는 건 누군가와 치열하게 경쟁해서 이기기 위한 것이 아니다. 유튜브는 누군가를 찍어 누르려는 경쟁심보다 다 같이 상생하는 이타심이 필요한 시장이다. 그렇기에 이기고 지고가 중요한 게 아니라, 내 콘텐츠가 올바른 방향인지, 만들 때 최선을 다했는지가 더 중요하다.

2. 모든 건 다 때가 있다

모든 건 다 때가 있다. 지금 당장 마음먹은 대로 결과물이 나오지 않는다고 풀 죽어 있을 필요는 없다. 의욕을 잃어 이내 포기하면 안 된다. 유튜브 시장은 큰 인내심이 필요하다. 그저 묵묵히 올바른 방향으로 꾸준히 콘텐츠를 만들어 올리는 게 중요하다. 그 결과는 시장이 말해줄 것이며, 지금 당장 조명을 받지 못하더라도 꾸준히 포기하지 않고 시도하는 게 가장 중요하다.

3. 경쟁심을 잘 활용하자

앞서 경쟁심보다 이타심이 중요하다고 말했지만 경쟁의식이 잘못되었다는 건 아니다. 다만 경쟁의식이 양날의 검임을 인지해야 한다. 적당한 경쟁의식은 스스로를 채찍질하는 좋은 자극제가 되기도 하지만 과도하면 열등감에 사로잡힐 수 있다. 자꾸 큰 인기를 얻고 있는 다른 유튜버들과 비교하게 되고, 그들에게 뒤처지는 기분이 든다면 마음가짐을 바꿀 필요가 있다. 경쟁의식은 남이 아닌 과거의 자신에게 가져야 한다. 어제의 나보다 오늘의 내가 더 발전했는지가 중요하다. 남이 아닌 어제의 나와 비교하며 묵묵히 충실하게 사는 게 최선이다.

4. 우리는 존재 자체로 특별하다

여러분의 유튜브 채널과 여러분은 존재 자체로 특별하다. 가능한 한 많은 사람들이 동영상을 보는 것도 중요하고, 당신의 존재를 알아주는 것도 물론 중요한 문제다. 하지만 더 중요한 점은 누가 꼭 당장 봐주거나 알아주지 않아도 우리는 존재 자체로 특별하다는 것이다. 구독자 수와 '좋아요'를 마치 유튜버의 가치를 결정하는 지표처럼 맹신해서는 안 된다.

현재 본인의 비즈니스에 위기가 찾아왔거나, 혹은 유튜브 채널이 더 이상 성장하지 않는다면 어떻게 해야 할까? 위기(危機)는 위험(危

險)과 기회(機會)를 합친 말이다. 위기를 극복하면 한 걸음 더 나아갈 기회를 얻을 수 있다. 그렇기 때문에 계속 걱정하고 발만 동동 구를 일이 아니다. 지금의 위기를 또 다른 도약의 발판으로 삼아야 한다.

막연한 두려움에 사로잡혀 현실을 제대로 직시하지 못하고 있다면 이제 용기를 갖고 현 상황을 파악해야 한다. 본인과 본인 채널의 문제점이 무엇인지 분석하고, 시청자들에게 피드백을 받아 시정하고, 방향성부터 틀렸다면 다시 원점으로 돌아가 채널을 기획하는 등 계속해서 노력하고 시도하는 자세가 중요하다.

정말 많이 노력했음에도 불구하고 아무런 반응이나 변화가 없다면 포기해야 하는 걸까? 아니다. 그때그때 조금씩 채널이 성장하는 경우도 있지만 계단식으로 어느 순간 불현듯 떠오르는 때도 있다. 물은 절대 99℃에서 끓지 않는다. 100℃가 되기 전에 포기한다면 1℃ 때와 다를 게 없다. 그렇기 때문에 평소 마인드 컨트롤이 중요하다. 항상 평정심을 유지하고, 잘될 때나 안 될 때나 초심을 유지해야 한다. 채널 운영이 잘 안 된다고 기죽을 필요는 없지만, 반대로 지금 내 채널이 잠깐 떠오른다고 너무 들떠서도 안 된다. 계속해서 발전하지 않는다면 인기는 금방 썰물처럼 빠져나갈 것이다. 유튜브 마케팅은 장거리 마라톤이다. 단거리를 빠르게 달리는 것보다 꾸준한 페이스로 완주하는 끈기가 더 중요하다.

한 동영상이 화제를 불러일으키면 그다음 동영상에 대한 기대치도 자연스럽게 커지기 마련이다. 하지만 거기에 너무 부담감을 느낄 필요는 없다. 그럴수록 오히려 더 힘을 빼고 자연스럽게 본인 스타일대로 콘텐츠를 이어나가는 게 최선이다. 나는 솔로몬(Solomon)의 "이 또한 지나가리라."라는 명언을 좋아한다. 잘될 때도 있고, 안 될 때도 있다. 세상에 영원한 건 없다. 그러니 지금 너무 자만할 필요도, 너무 기죽을 필요도 없다. 늘 의연하게 그때그때 겸손하고 겸허한 마음으로 문제 상황을 헤쳐나가보자.

스킬과 영상미가 부족하더라도
기획 방향이 올바르고, 콘셉트가 독창적이고,
동영상 안에 진정성과 정성이 담겨 있다면
충분히 승부할 수 있다.

꼭 알아야 하는
유튜브 용어 정리

1. 브이로그(Vlog)

브이로그란 비디오(video)와 블로그(blog)의 줄임말로, 동영상 형식으로 인터넷에 올리는 블로그 포스팅이라 생각하면 된다. 유튜버 본인의 일상을 담은 동영상 콘텐츠로, 주로 구독자들과 소통하기 위해 만들어진다.

2. 먹방

음식 '먹는 방송'을 지칭하는 말이다. 전 세계적으로 인기를 끄는 콘텐츠로 자리 잡았다. 외국에서도 먹방은 먹방(mukbang)이라고 발음한다.

3. 겟레디윗미(GRWM)

'GRWM'이라 줄여 일컫는 겟레디윗미(get ready with me)는 말 그대로 '나랑 같이 준비해요.'라는 뜻이다. 출근 준비하는 모습이나 헤어스타일 손질, 여행 가기 전 모습 등 다양한 주제의 겟레디윗미 콘텐츠가 존재한다.

4. 왓츠인마이백(WIMB)

'WIMB'라 줄여 일컫는 왓츠인마이백(what's in my bag)은 유튜버의 가방을 공개해 소개하는 콘텐츠를 의미한다.

5. ASMR

심리적 안정을 주는 동영상이나 소리를 뜻하는 ASMR(Autonomous Sensory Meridian Response)은 먹는 소리나 필기하는 소리 등 뇌를 자극하는 소리를 녹음한 콘텐츠를 뜻한다.

6. 하울(haul)

하울은 구매한 물건을 품평하는 콘텐츠를 의미한다.

7. 언박싱(unboxing)

'상자를 연다.'는 뜻으로 제품의 포장을 뜯는 콘텐츠를 의미한다. 단순히 포장을 푸는 것뿐만 아니라 해당 제품의 기능이나 장점 등도 함께 소개한다. 구하기 힘든 제품이나 비싸서 사지 못하는 제품을 간접적으로 체험할 수 있다.

8. OOTD

OOTD는 'outfit of the day'의 줄임말로 오늘 자신이 입은 패션을 소개하는 콘텐츠를 뜻한다.

9. 커버 동영상

유명 가수의 노래나 춤을 유튜버가 자신의 스타일로 소화해 소개하는 동영상 콘텐츠다.

불황도 이겨내는
유튜브 마케팅의 힘

햇살이 따스하던 2018년 4월, 나는 미국 캘리포니아주 오렌지카운티에 있는 어바인이라는 조용한 도시에서 아주 오랜만에 휴가를 즐기고 있었다. 긴 휴가 기간이 다소 무료해 '휴가 기간 동안 무엇을 하면 좋을까?', '어떻게 하면 좀 더 생산적인 시간을 보낼 수 있을까?' 하는 고민을 하고 있었다. 그런데 우연히 한국에서 꽤나 친했던 지인에게 연락이 왔고, 여러 이야기를 나누던 중 "조만간 유튜브 채널을 오픈하고 싶다. 그런데 너무 모르는 게 많다."라는 이야기를 들었다. 그 연락 한 통이 계기가 되어 나는 즉시 책을 집필하겠다는 결심을 하게 되었다. 그리고 드디어 이렇게 책 한 권을 써냈다.

이 책의 집필 배경을 언급한 이유는 내가 전화 한 통을 계기로 목표를 세워 그 즉시 실행에 옮겼다는 이야기를 하고 싶어서다. 만일 지인에게 간단히 유튜브 채널 운영 노하우에 대해 조언만 해주고 끝냈다면, 아니면 바쁘다는 이유로 사소한 아이디어라고 치부해버린 채 그냥 잊어버렸다면 이 작은 결과물은 세상의 빛을 보지 못했을 것이다.

최근 끝없이 치솟는 폐업률을 보면 경제 불황을 피부로 느낄 수 있다. 취업을 준비하는 청년들뿐만 아니라 많은 예비 창업자와 자영업자, 소상공인, 중소기업이 흔들리고 있다는 경제 기사들도 쏟아진다. 나는 유튜브 마케팅이 길고 긴 불황을 타개할 해법이 될 수 있다고 생각해 이 책을 쓰게 되었고, 지금도 그 생각은 변함이 없다. 진입장벽이 있는 것은 사실이지만, 자신의 비즈니스를 일으켜 세울 수만 있다면 어느 정도의 공부와 노력은 기꺼이 감수할 수 있을 것이다. 그러니 내가 망설이지 않고 출간이라는 목표를 이룬 것처럼 주저하지 말고 유튜브를 시작하기 바란다. 이 책 한 권으로 유튜브 마케팅의 모든 것을 꿰뚫을 수는 없지만, 앞으로 나아갈 방향과 윤곽 정도는 잡혔을 것이라 생각한다.

아주 우연히 서점에서 무언가에 홀리듯 이 책을 집어든 분도 있을 것이고, 누군가의 추천으로 읽기 시작한 분도 있을 것이다. 그리고 끝까지 완독한 지금도 '정말 유튜브 마케팅으로 매출을 올릴 수 있을까?'라고 반신반의하며 망설이는 분도 있을 것이다. 단언컨대 나는 유튜브가 불황을 이겨내는 최고의 돌파구라고 자신한다. 이 책이 단순히 읽고 책장에 꽂히는 수많은 책들 중 하나가 아니라, 당신의 사업을 일으켜 세워줄 터닝포인트가 되기를 간절히 기도한다. 이 책에서 알게 된 걸 잊어버리지 말고, 곧바로 기회로 삼아 한 걸음 더 나아가기 바란다.

미처 다 해소하지 못한 궁금증이 있다면 좀 더 주체적으로 공부해 나가기 바란다. 유튜브 마케팅과 퍼스널 브랜딩으로 누구나 무한대로 꿈을 이룰 수 있다. 유튜브의 가능성과 운영 노하우를 인지했다고 모든 것이 끝나는 게 아니다. 이제 가장 중요한 건 '행동'으로 옮겨 '실천' 하는 것이다. 지금 바로 추진력 있게 작은 것부터 하나씩 실행해보기 바란다. 최소한 책값이 아깝지 않다는 생각이 들 수 있게 실천으로 옮겨 원하는 바를 성취하기 바란다.

지금 당장 무슨 콘텐츠를 만들어야 되는지, 또 어떻게 채널을 운영 해야 할지 모르겠다면 핸드폰 카메라라도 켜서 이 책을 다 읽고 난 후의 느낌이라도 남겨두자. 읽으면서 좋았던 점이나 기억에 남는 점을 동영상으로 남겨 한계에 봉착했을 때 틀어보기 바란다. 해당 동영상을 유튜브에 올려 '#유마스쿨', '#따라하면매출이따라오는유튜브마케팅', '#강사랑' 해시태그를 함께 적어 올리면 내가 반드시 직접 시청한 뒤 피드백을 달겠다.

나에게 영감과 지혜를 주신 하나님 아버지, 그리고 인생의 크고 작은 우여곡절 속에서도 언제나 날 믿어주고 지원해준 부모님께 감사의 인사를 전한다. 또한 항상 아무것도 묻지도 따지지도 않고 나를 따라와준 '바비월드'의 고객들에게 고맙다는 말을 전하고 싶다. 유튜브 마케팅을 배우기 위해 매일 나와 함께 열정을 다해 밤낮으로 콘텐츠를 고민하고 있는 유마스쿨 학생들에게도 응원의 목소리를 전하고 싶다. 지금의 나를 있게 해준 유튜브 구독자들과 시청자들에게도 항상 진정성 있는 콘텐츠를 제공하겠다는 다짐의 말을 전한다.

끝으로 이 책을 선택해준 독자들에게 감사하다는 말을 하고 싶다. 지금 이 책이 여러분의 삶에 찾아온 귀한 선물이 되었으면 좋겠다. 앞으로 유튜브 마케팅을 해나가면서 어려움에 봉착했을 때 이 책을 다시 펼쳐 보기 바란다. 이 책이 당신과 함께할 것이다.

강사랑

따라하면 매출이 따라오는
유튜브 마케팅

초판 1쇄 발행 2019년 8월 1일
초판 2쇄 발행 2020년 5월 20일

지은이 | 강사랑
펴낸곳 | 원앤원북스
펴낸이 | 오운영
경영총괄 | 박종명
편집 | 이광민 최윤정 김효주 강혜지 이한나
디자인 | 윤지예
마케팅 | 송만석 문준영
등록번호 | 제2018-000146호(2018년 1월 23일)
주소 | 04091 서울시 마포구 토정로 222 한국출판콘텐츠센터 319호(신수동)
전화 | (02)719-7735   팩스 | (02)719-7736
이메일 | onobooks2018@naver.com   블로그 blog.naver.com/onobooks2018
값 | 15,000원
ISBN | 979-11-7043-000-1 14320
        979-11-963418-1-7 (세트)

이 도서의 국립중앙도서관 출판예정도서목록(CIP)은 서지정보유통지원시스템 홈페이지(http://seoji.nl.go.kr)와 국가자료종합목록 구축시스템(http://kolis-net.nl.go.kr)에서 이용하실 수 있습니다. (CIP제어번호 : CIP2019027076)